リ・デザイン思考法

宇宙開発から生まれた
発想ツール

『宇宙兄弟』技術監修　　立命館大学大学院教授
山方健士　　湊 宣明

実務教育出版

CONTENTS

プロローグ

CHAPTER 1 新しいモノを作るときの基本
〜何が求められているかの整理から〜

CHAPTER ② 要素分解の仕組みとシステム思考

CHAPTER 3 革新的なアイデアを生み出す「リ・デザイン思考法」

CHAPTER 4 リ・デザイン思考法を活用したイノベーション事例

リ・デザイン思考法のトレーニング

コラム1 ## 効果的に要素分解するための思考法 ･････ 069
by[Nobuaki Minato]

※「冷却下着ベスト型」は帝国繊維株式会社の商標または、登録商標です

プロローグ

新しいモノを生み出すための思考法

　何か新しい商品を開発したり、すでにあるものをさらに改良しようとするとき、アイデアの発想や企画立案に行き詰まったり、理想に近いものが作れなかったりしたことはありませんか？

　さらには自分が良いと思ったアイデアがスポンサーや上司、同僚などに理解してもらえず苦労したことはありませんか？

　その時、最初に湧く感情としては "どうしてわかってくれないんだろう？" ということだったりしませんか？

　私はこれまで仕事をしてきた中で多々あります（笑）。

　新しい商品を生み出す上でつまずいてしまうポイントは、大きく分けてふたつの過程にあるのではないでしょうか。
　ひとつ目は、アイデアを発想する過程。
　ふたつ目は、アイデアを見える形にするまでの過程。
　良いアイデアが思い浮かんでも、それを実現する方法をイメージできない、

ということもあると思います。

　この本ではそうした、"アイデアを生み出す悩み"の解決につながる、私が**宇宙開発の中で培った思考法**をお伝えしたいと思っています。

　まずは私が関わってきた仕事について紹介しましょう。

「宇宙服研究」で生まれた悩み

　これまで私は宇宙航空研究開発機構（JAXA）で、人を安全に宇宙へ飛ばし、宇宙で仕事をしてもらい、無事に地球に帰ってきてもらう"有人宇宙活動"の仕事に携わってきました。

　この分野の仕事は非常に多くの職種があるのですが、その中でも私が主に担当していたのは【日本人宇宙飛行士の訓練を計画・管理する仕事】と、"日本の技術で宇宙服を作ることができないか？"という【宇宙服研究】でした。

　そうです。"宇宙服"です。正式には「船外活動ユニット」といいます。

　日本としては開発した経験はありません。しかし、世界ではすでにアメリカ、

ロシア、中国で実際に作られて、宇宙で使われています。

　新商品開発のようであり、既存（ライバル）の商品を改良するようなもの。ただし、"日本の技術"で。

　実際には、有人宇宙活動の計画の変更や自分自身の異動などが理由となり、宇宙空間で人が着て活動をする宇宙服を製作するには至りませんでした。

　上手くいかなかった理由のひとつは、**宇宙服を"どのように作るか"という目標とプロセスの共有が上手くできなかった**ことです。

　"宇宙服"は何をするためのものか、宇宙の研究者やエンジニアはもちろん知っています。

　しかし、その先にある"宇宙服をどのように作るか"については、当時、私が所属していた部門の研究員にさえほとんど知られていなかったため、宇宙服を作りたいと主張しても議論がかみあわないことが多くありました。

　例えば、宇宙服と圧力の関係。

　地上では人間の体は常に大気圧によって押されています。体内の圧力が押し返すことでバランスを保つことができています。ただ、宇宙空間では大気圧が存在しません。そのため、宇宙空間で作業するには、宇宙服で体を与圧しなくてはいけないのです。しかし、圧力に詳しい人からは"圧力がかかっている容器が曲がるわけないだろ"とNOを突きつけられ、構造に詳しい人からは"圧力が掛かった宇宙服の関節はなぜ曲がるのか"と素朴な疑問を投げかけられたこともあります。

　宇宙服が"宇宙空間で宇宙飛行士が死なないようにする道具"なのであれば、「人の形ではなく、服でもなく、ドラム缶のような形でもよいのでは？」など根本に関わる疑問まで……。

　作り慣れているモノならいざ知らず、未知のモノを開発するとき、共通認識＝同じ設計図を持つことが大事だと痛感した出来事でした。宇宙開発ではこの共通認識を **Big Picture** と呼んでとても大切にします。

　宇宙服を作れなかったもうひとつの理由は、**自分が考える宇宙服研究の意義をあまり理解してもらえなかった**点です。

　私は、この研究を単なる“宇宙のための研究開発”で終わらせたくありませんでした。当時、我々のまわりでは“研究開発とは宇宙のための技術を開発することである”という考え方が一般的でした。

　しかし、税金を使って宇宙開発を行う以上、“日本の存在を世界にアピール”し、“宇宙服研究を通じて地上でも使える技術”、“異業種同士を組み合わせることで新たな技術開発を行う世界を作りたい”と私は考えていました。投下した税金以上の価値を生み出すことで“宇宙開発をしてよかった”と思える研究をしたいと考えていたのです。

　ただ、当時は私がまだ十分な経験や実績を有していなかったこともあり、なかなか賛同者が現れませんでした。重要性の高い研究なのに、それを周囲の研究者に理解されないもどかしさ。

　みなさんも上司にどれだけ必要性を訴えても、納得してもらうことができず計画が頓挫……なんてことが常日頃あるのではないでしょうか。

　しかしそのような中、“日本ではまだ宇宙服を作ったことはないから面白そう”と思ってくれた先輩たちが次々と現れ、彼らの理解と協力を得ることで、研究を続けるための資料作りなど必要な知識を蓄積することができました。

　加えて国内外の宇宙飛行士たちから“使う側”の視点で話を聞き、訓練用の宇宙服にリアルに触れることで、様々なことを感じ取ることができました。何

度も会議を繰り返しながら、ようやく少なくとも人の形になるまで試作をすることができ、様々なデータを得ることができたのです。

　このようなプロセスで得た知識や経験は無駄ではない、と確信した出来事がありました。それは宇宙の技術／ノウハウを活用して企業の商品開発の支援や、宇宙事業に関わったことのない企業に宇宙事業への参入の仕方をアドバイスする部署へ異動したときでした。

異なる背景を持つ人をつなぐ 言葉の"見える化"

　当時大変だったのは、企業の人たちと最初に話す際、みなさんが"宇宙開発"という言葉に対して距離を感じていて話が通じにくかったということ。

　宇宙開発というと"難しい仕事をしている"、"最先端のことをしている"という考え方が浸透しているようです。モノづくりを担う製造業の方々と話をしても、自分たちからは遠い世界であると思われていることがわかりました。

　さらに一般の方に向けた展示会や講演会で感じたのは、非製造業の企業の

方々にとっては、宇宙はおよそ無縁の世界であるという認識ができあがっていることでした（おそらく本書を手に取られた方々でも同じように考えられている方は多いでしょう）。

ではこの既成概念を変えていくためにはどうすればいいのか。それが本書を世に出そうと考えたきっかけです。こちらの「考え」をただ伝えるだけではなく、同じイメージを共有する、「考える方法」を広めようと思い立ったのです。

みなさんは会社で、部署が違うだけでコミュニケーションが上手くとれず、お互いストレスを感じた経験はありませんか？　**同じ日本人で日本語を使って話したとしても、職種が違えば文化や常識、使用している専門用語が違います。**

例えば私が研究をしていた宇宙服。
"私と一緒に宇宙服を作ってみませんか？"と相談した場合、みなさんはどのようなイメージを思い浮かべますか？

"宇宙服ってそもそも何？"、"何ができるの？"、"どうやって作るの？"、"うちではとてもできないよ"、など遠い世界の話だと感じませんでしたか？

でも例えば私が"宇宙服とは何か"、"どういう機能、性能が必要か"、"宇宙服にはどのような素材・材料が使われているか"、という「宇宙服の技術」を分解した上で説明してみたらどうなるか。

最初の、"宇宙服とは何か"について説明をすると、"宇宙飛行士が宇宙空間

で約6時間作業をする際に、宇宙飛行士の命を守るための服"、となります。しかし、この説明だけでは理解できたようには感じないでしょう。

　では次の、"どういう機能、性能が必要か"についてはどうでしょうか。
「宇宙服は"宇宙空間で呼吸をするため、呼気を循環させて酸素を供給する"、"約−150℃〜約120℃の厳しい宇宙環境で体温を一定の幅に保つ"、"宇宙飛行士同士や地上と会話をする"などの機能・性能が求められている」と説明したらいかがでしょう？

　この時点でダイビング用品を開発・製造しているメーカー、断熱するための防護服、容器、機材などを開発・製造しているメーカー、通信機器を開発・製造しているメーカーの方々は、"ぴくっ"と反応しませんか？

　最後に"宇宙服にはどのような素材・材料が使われているか"ということを分解してみましょう。
「宇宙服のヘルメットには住宅の駐車場の屋根や高速道路の壁に使われている"ポリカーボネート"という材料が使われています」
「空気が漏れないように、ゴムボートなどにも使われている"加工されたナイロン生地"が使われています」
「宇宙服にはスマホなどでも使用されている"リチウムイオン電池"が使われています」

　いかがですか？　宇宙服を丸ごと作ることは難しいとしても、それぞれの技術要素について"あれ？　もしかしたら自社ですでに持っている技術かも"、と思いませんでしたか？
　他にも材料レベルでの話については身近に使われている日用品がないか（例

えば、"ご家庭のフライパンで使用されているフッ素加工〈テフロン加工※〉は宇宙服でも使われています"など）、ということを調べて紐づけて、それぞれの業種の人たちに説明をするようにしました。

※ 「テフロン加工」はデュポン社の登録商標です。

このような感じで、**宇宙で使われている技術を、それぞれの業種の人にわかりやすい言葉に分解して伝える。**ある意味、宇宙と地上の外交のようです。

こうして"共通の言葉"を使えるようになったことで実にたくさんの業種の人たちと話ができるようになりました。

そして、他の業種の人たちと共通の言葉を使えるようになった結果、私が行っていた宇宙服の研究が熱中症対策用の商品開発につながっていきました。

細かいことはCHAPTER1の中で具体的に語りたいと思いますが、最初に受けた相談は"毒物といった汚染された環境で、防護服を着て作業をする人が熱中症にならないように冷却する服を作れないか"というものでした。

相手は民間企業で、私とは専門分野も経験もまったく異なる人々。

そのため、相手に話をしながらひとつひとつ、ホワイトボードでイメージを伝えていき、どのようなものを作ればよいかという目標を共有し、Big Pictureの"見える化"を行っていきました。

宇宙服研究で経験したBig Pictureの"見える化"の作業が功を奏して、「冷却下着ベスト型」という製品が完成しました。宇宙服研究では達成できなかった、既存の技術や経験を生かして新しい製品を生み出す、という成功体験ができたのです。

　私は試行錯誤しながら、新しいものを新しいアイデアの発想で生み出す、ということを行ってきました。しかし、いざ人から"どのようにアイデアを発想し、どのように伝えているのか?"、と質問されても、自分のやり方を概念化して伝えることが難しい。自分ではできるが、自分以外の人ができないのはもったいない、なんとかしたい。そう思うようになったのです。

　自分では体系的に説明ができないアイデア発想について、本書の共著者であり、立命館大学MOT大学院で教鞭をとる湊宣明教授に相談しました。湊教授はJAXAの同期入社であり、宇宙開発のあるべき姿について熱く議論した気の置けない仲間です。彼が大学研究者に転身した後も、技術経営学の専門家として、イノベーション創出や組織のマネジメントについてよく相談を持ちかけていました。

対話ツール兼アイデア発想法としての「リ・デザイン思考法」

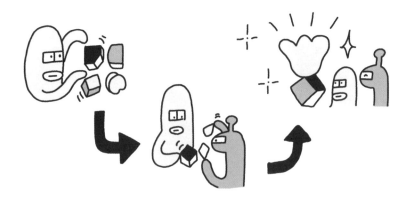

　そもそもこの宇宙服や冷却下着ベスト型に使用したアイデア発想の進め方

はすでに存在する手法なのか？　もし存在しないなら手法として体系化し、誰でも簡単に使えるようなツールを開発できないか？

　湊教授は私の要望を真正面から受け止めてくれ、研究室の研究テーマとして類似する手法の調査と手法の体系化に取り組んでくれることになりました。2015年のことです。それ以降、湊研究室に所属する大学院生が新しい手法の研究に取り組んでくれました。本書のCHAPTER3以降で紹介する**「リ・デザイン思考法」**は、まさに宇宙開発に取り組む研究者やエンジニア達が、普段から行っている頭の使い方を出発点として、アカデミックな領域での試行錯誤を経て、数年をかけて徐々に完成に近づいた手法といえます。

　ただ、手法が生まれたとしても、それが実際に使えなくては意味がありません。

　そこで、湊教授は研究室に所属する大学院生とともに、民間企業の協力を得ながら、この「リ・デザイン思考法」の実践研究に取りかかりました。その結果、**異なる分野の者同士が集まって新たな商品コンセプトを生み出す、という目的に対して、この手法が有効であることがわかった**のです。

　その研究成果は技術経営領域の著名な国際学会PICMET※でも論文発表された実績があります。そして、現在は手法の応用についてさらに研究やワークショップの開催を進めるとともに、使いやすさを向上させながら企業の依頼による研修にも対応しています。本書を出版するにあたり、私と協力して手法をわかりやすい形にまとめ直してくれました。

　※　PICMET……Portland International Center for Management of Engineering and Technology。技術的な知識をどのように生かせばよいかといった技術経営についての研究を発表する世界最大級の国際会議。

　思い返せばこの「リ・デザイン思考法」は、「宇宙服」という"みんな宇宙開発をしているからわかっているだろう"というものを"わからない"と社内

で言われ、まずは開発の Big Picture を"イメージとして共有化"するために"要求書"や"仕様書"という形にしていくことから始まりました。

　そして、私の所属部署が変わり、"宇宙のためだけではない宇宙開発の世界"を実現するために、より多くの非宇宙業界の民間事業者の方々と対話する機会を得られた経験。

　これらすべての環境がきっかけとなり、"自分が作ろうと思っているもののイメージをみんなで共有する"という私の業務上、当たり前の方法を"宇宙業界用語"ではなく様々な業界の人にも通じる言葉にする、という発想につながったのでしょう。

　そして湊教授の研究室メンバーの試行錯誤が積み重なり、新しいアイデアを発想し、実現させる「リ・デザイン思考法」が誕生し、現在も進化し続けています。

　以上、前置きが長くなりましたが、本書ではこれまでの仕事で学んできたことや、「宇宙服」の研究から「冷却下着ベスト型」という製品開発へつながったことをまずは CHAPTER1 で紹介します。

　CHAPTER2以降では、この宇宙開発で培った知識や経験を基に立命館大学MOT大学院とともに体系化し作り上げた思考フレームワーク「PFM分解」、さらに、"新しい商品の開発や既存の商品を改良するためのアイデア発想"に有効な「リ・デザイン思考法」を実例や練習問題付きで紹介します。

　手前みそですが、本書はみなさまにとって"ひらめくための究極の書"です。最後のページまで楽しんでいただければ幸いです！

新しいモノを
作るときの基本

~何が求められているかの整理から~

　CHAPTER1では、有人宇宙開発の仕事において新しいモノを作るとき、自分の頭の中のイメージを相手と共有するための Big Picture の描き方（"見える化"）について説明します。

　"宇宙開発" という言葉に対して距離を感じる方がいるかもしれません。それもそのはず。日常的に目にしている自動車やスマホ、テレビなどと違って、JAXA は「今まで存在していなかったモノ」を形にするのが仕事の技術者集団です。

　そんな「今まで存在していなかったモノ」を実現させるためのノウハウの一部を紹介したいと思います。

　「作りたいモノ」のイメージを言語化するために、必要な要素を "分解" していく過程を「宇宙服研究」の事例から、そして、「冷却下着ベスト型」の例を通して宇宙服の技術を地上向けに転用し、新たな製品が生まれることになった経緯について紹介します。

　さらに、宇宙で起こったトラブルを、地上の技術者たちが歯ブラシやガムテープなど日常的に使用するもので解決した事例を紹介します。トラブルを解決するために必要な "要求" をどのように整理し解決したのか、"頭の柔軟性" の大切さをお伝えできたら幸いです。

1-1 宇宙開発という"まだ存在しないモノ"を作る仕事

"宇宙開発"という言葉はみなさんにとってどのようなイメージでしょうか。

宇宙開発とは、土地開発や商品開発と同様、**新しいことをするために新しいモノを作る**"仕事です。

私が関わっている宇宙開発という分野では、常に"宇宙で"もしくは"宇宙を使って"新しいことをやることが求められています。例えば、

"どうすれば地球の外にあるものを知ることができるか?"

"宇宙※へ行くためにはどうすればよいか?/何があれば宇宙へ行けるのか?"

"宇宙空間で人が暮らす（生きる）ためにはどうすればよいか?"

"宇宙空間で何ができるか?"

といった課題の解決や理想の実現のためにチャレンジしています。

※　ご参考までに"宇宙"とは地上から100km以上の場所を言います。

こうした課題や思いから作り出されたのが、地上約 400km 上空の宇宙空間で長期滞在するために開発された「国際宇宙ステーション（ISS）」や、国際宇宙ステーションに物資を届けるために作られた「HTV（こうのとり）」です。

これらはすべて前例がないところから作り出されました。

宇宙開発はチーム単位で開発を進めるため、宇宙で"何をしたいか"、"どうすればよいか"、はひとりで決めることができません。みんなが共通の認識を持てるよう目標とプロセスを**"見える化"**することで、組織として動けるようになり、宇宙開発が日々進んでいくのです。

では"見える化"とは何をすることでしょうか。

一般的な企業でも、みんなで仕事をするために"見える化"と同じようなことをしています。

例えば、とあるラーメンチェーン店が新作ラーメンを全店舗に展開しようと考えたとき。キッチンで試作をして関係者がその新作の試食をすることで、作ろうとしているもののイメージを共有することができますね。

例えば、自動車を新しく開発するために、今までの自動車にどういうものを加えればよいかと考えたとき、すでにみんなの頭の中には自動車の基本となる情報があるので、試作する前からイメージがしやすいでしょう。

例えば、土地開発だとしたら"○○の跡地に、「二子玉川」のような駅から遊歩道で商業施設、医療施設と居住施設をつないだ衣食住を１カ所にまとめた街づくりをしたい"と言えばチームメンバーはイメージしやすいでしょう。

ただ、宇宙開発の場合は常に、"見たことがないもの"を作る点で、他の仕

事とは少し違うかもしれません。

　例えば、"宇宙へ行くための宇宙船を作ろう"（すなわち、"人が宇宙へ行くための乗り物を作ろう"）と言ったとき、みなさんの中にはどういうイメージが湧きますか？

　年配の方は NASA のアポロ宇宙船やスペースシャトルのイメージを思いつくでしょう。

　しかし、アポロ宇宙船やスペースシャトルの映像などを見たことがない人はピンとこないかもしれません（最後のスペースシャトルの打ち上げが 2011 年なのでその時に小学校高学年以上の人でもどれほど知っているか……）。

　もしくは宇宙を題材にしたアニメや映画で出てくる宇宙船をイメージする人もいるかもしれません。

　この、"ラーメンのように試作ができない"、"自動車のようにみんなが同じイメージを持っていない"、"街づくりのように参考となるイメージがない"中で、"まだ存在していないものを作る"というミッションが、宇宙開発の場では活発に行われています。

　そのため、"こういうものを作りたい"と思いついたら自分の頭の中に描いているイメージをみんなと共有するために、**"見える化"**することが大事になってくるのです。

　ではどういう風に見える化を行えばいいのか、私が実際に担当していた宇宙服の研究を例にとって紹介していきます。

　ただ、事前にお伝えしておきますが、実際に行ったことを事細かに書いてしまうと本書が何の本かわからなくなるくらいのボリュームになってしまうので、大まかに端折りながら説明していきます。

将来の宇宙服を作るときの考え方

まず、みなさんは私が"宇宙服を作ろう"と言ったらどんなものを作ろうとしているかイメージは湧きますか？

恐らく9割方（それ以上⁉︎）、私が頭に描いている宇宙服の姿とみなさんが描いている宇宙服の姿は重なっていないでしょう。

この時点ではみなさんと宇宙服のイメージが共有できていないため、一緒に作りはじめたとしても私の思い描いている宇宙服は形になりません。

しかも、すでにアメリカ、ロシア、中国が宇宙服を作っています。なぜわざわざ日本で宇宙服を作るための研究をしようとするのか、その理由も共有できていないでしょう。

2006年、私がモノづくりの基本をまだよく理解していない状況で、「宇宙服研究を始めたい！」と声を上げた際に実際にぶつかった壁です。

そうなのです。

"なぜ今？"、"どんな宇宙服を？"というそもそもの情報を共有できていない状況で、思いだけで何かを作りたいといっても何も始まりません。

そのために行ったのがこの、"なぜ今？"、"なんのために？"、"どんな宇宙服を？"という**"要求"を見える化する作業**です。

まずはこれらの質問に対して、どのようにして見える化を行ったのかを紹介していきたいと思います。

1-2-1 「なぜ今?」と「なんのために?」で要求を見える化する

まず、宇宙開発の背景を少々。

日本では鹿児島県の種子島にある種子島宇宙センターから、人工衛星を宇宙へ、補給船を国際宇宙ステーションへ打ち上げることができる環境が整っています。ですが、人を宇宙へ送り出し、地球へ帰還させるための宇宙船はまだありません。

そして前述のとおり、宇宙服は世界にすでに存在しています。

普通に考えたら、"日本は人を宇宙へ送る宇宙船がない上に、すでに宇宙服は他の国が作っている。わざわざ日本が時間と人とお金をかけて、新しい宇宙服を考える必要はないのでは?"と思うでしょう。

では当時、なぜ私は宇宙服の研究を始めるべきだと思ったか。

それはちょうど2004年にアメリカが「コンステレーション・プログラム」という、人類が再び月面に着陸する計画を発表したことがきっかけになります。

1972年に人類がNASAのアポロ17号で最後に月へ行って以来となる、再び月を目指そうとする計画が立ち上がったのです。

当時、アメリカは自国の技術力を証明するために単独で月へ行きましたが、国際宇宙ステーション計画では他国に協力を募りました。というのも、人を宇宙へ送るためには莫大なお金が必要になるからです。

そのため、「コンステレーション・プログラム」では国際宇宙ステーション計画と同様に、日本にも参加する機会があるだろう、と私は考えました。そして、宇宙開発の分野で国際協力と言ったとき、それぞれの国はアメリカに対して計画を遂行するためのお金を払うのではなく、技術で貢献して参加します。ただ、日本の宇宙開発の予算はNASAに比べたら10分の1程度、欧州に比べたら4

分の１程度、と決して多くはありません。

そこで、宇宙ステーションや宇宙船のように大金を使わず研究開発することで、日本が持っていない技術を獲得しつつ、肝となる技術で目立ち、貢献するにはどうすればよいか、人が生きる上で欠くことができない"衣食住"のどれが一番チャンスがあるか、と考えたのです。

そこで目を付けたのが"宇宙服"。しかも"月面で使用することも目的とした宇宙服"。

仕事柄、宇宙飛行士の訓練を担当していたこともあり、宇宙服を初めて見たときに"かっこいい！"と思ったことも理由としてありますが、そもそも、NASAが公開している画像や映像では必ず宇宙飛行士が宇宙服を着て宇宙空間で仕事（"船外活動"）をする姿を目にします。世界に"日本は宇宙服で貢献している"ということを視覚的にアピールしやすいと考えました。

そして、もうひとつの理由としてあわよくば、"宇宙のため"だけでなく、宇宙服を作ることで得られた技術を使い、地上で新たなビジネスにつながるようなことができないか、も考えていました（これは、NASAも税金を使っている以上、地上への貢献もしていることを示すために積極的に"技術移転"〈スピンオフ〉事業を推進していたことから思いついたことです）。

アメリカの「コンステレーション・プログラム」に対して、キー（鍵、肝）となる技術である"月面用宇宙服"で貢献することで、日本の存在感を示し、強い発言権を持てるかもしれない。だから今（2006年）から宇宙服を研究しましょう、ということが、私が宇宙服研究を始める"なぜ今？"、"なんのために？"の理由でした。

1-2-2 「どんな宇宙服を?」でイメージを共有する

では次に"どんな宇宙服を作るか"ということをみんなで共有するためには、私のイメージを見える化（言語化）しなければなりません。

まずは、当時 NASA のホームページやインターネット上で公開されていた「コンステレーション・プログラム」の全容を洗い出し、"ミッションで要求される宇宙服"を見える化する作業を行いました。

「コンステレーション・プログラム」の当時の内容をざっくり言うと、2018 年から月面で一番"月の夜"が短い月の南極に着陸し、6カ月おきに宇宙飛行士を交代させながら 2024 年ごろまでに月面基地を建設し、そこから本格的に月の探査、開発を行っていく、というもの。

そこから

"月面へ行くための宇宙船は?"

"月面に行ってどういう作業をするのか?"

"その作業時間はどれくらいなのか?"

"作業をする環境は?"

などなど宇宙服に求められる要求＝「宇宙服のミッション」を言語化。

この作業で大変だったのは "なぜ？" に対する理由をはっきりさせること。

例えば、

"これから作る宇宙服はひとりで着ること、脱ぐことができなければならない" と書いた場合、その理由。

"これから作る宇宙服のヘルメットの視野は既存のヘルメットよりも広くなければならない" と書いた場合、その理由。

"これから作る宇宙服はパーツを組み替えられるようにする" と書いた場合、その理由。

理由を伝えることでチームや上司といった関係者が、"だからそういう要求になっているのね" と納得できる内容にしなければならないのです。また、曖昧な要求のまま進めてしまうと、自分のイメージと違う設計になる可能性もあります。

この "例えば" についてひとつひとつ書くとこの章だけで膨大な量になるので、ひとまず、"これから作る宇宙服はひとりで着ること、脱ぐことができなければならない" という部分について紹介します。

1-2-3 「これから作る宇宙服はひとりで着脱できなければならない」理由

まず、既存の宇宙服と船外活動について簡単に説明したいと思います。

今、国際宇宙ステーションで使用されているロシア製の宇宙服 "オーラン" はひとりで着脱できるように宇宙服全体（ヘルメット、グローブなど）がひとつの大きな着ぐるみのような作りになっています。サイズはフリーサイズで宇宙飛行士の手足の長さに合わせて調整できるようになっています。

入るのは背中から。宇宙飛行士が呼吸をするための酸素ボンベなどが入っている大きなランドセルのような "生命維持装置" が背中についていて、冷蔵庫

の扉のように開き、中に入れるようになっています。この背中の扉を閉めるときは、胸の前まで伸びているひもを引っ張って閉じます。空気が漏れないようロックするためにわき腹にあるレバーを倒す、というシンプルな構造。

それに対してアメリカの宇宙服"EMU"（イー・エム・ユー）はひとりで着脱できないわけではないですが、ヘルメット、グローブ、上半身、下半身というパーツに分かれていて、宇宙服を着用するときは、下半身、上半身、上腕、グローブ、ヘルメットという順番で着ていきます（正しく言えば"着せてもらいます"かな？）。

結合部分が多く、宇宙服を着る宇宙飛行士からは結合部が基本的に見えづらいため（特に上半身と下半身をつなぐ腰部）、空気が漏れてしまわないよう正しく結合されていることを確認するため、ふたりで作業をするようにしています（合体メカみたいな感じ）。

この違いはそれぞれの宇宙開発の歴史において、使用する宇宙船や動きやすさを優先するか、着やすさを優先するかなどの宇宙服設計に対する考え方の違いによるものだと思います。

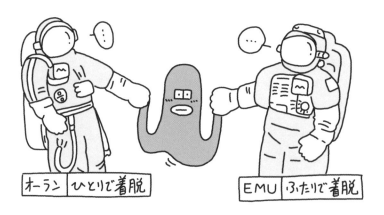

そして、次に宇宙服を着て行う船外活動について。

　船外活動とは、宇宙飛行士が宇宙船の外に出て修理や組み立てなどの作業をすることを言います。

　宇宙飛行士が作業をする環境は空気がない真空状態であり、地上のように大気がないため、紫外線は強く、太陽光が当たれば約120℃、太陽の陰に入れば約−150℃という環境になります。

　それ以外にも宇宙ゴミや小さな隕石などが飛んでいたり、重力がなかったり、宇宙服で動きづらかったり、と非常に過酷な環境です。

　そのため、宇宙飛行士がこのように危険な宇宙空間で作業をするにあたり、問題が起きても無事に宇宙船の中に戻ることができるよう、船外活動は基本的にスキューバダイビングと同様、2人1組の"バディシステム"で行うようにしています。

　さて、この船外活動の状況についてよく考えてみてください。

　宇宙服を着て宇宙空間にいる人間はふたりきりです。

　すなわち、宇宙服にトラブルが起きたり、バディが作業中に宇宙ゴミの衝突や挟み込みなどによってけがなどをして動けなくなったりした場合、もうひと

りがバディを宇宙船の中に連れて戻らなければなりません。

それこそ、最悪の状態を想定して考えると、自分ひとりでバディの宇宙服を脱がせて船内で治療にあたらなくてはならないかもしれません。

でもその時に自分ひとりで宇宙服を脱ぐことができなかったらどうでしょう?

最悪のケースとしてはバディを失うことになりかねません。

そのため、救出作業をしやすくするには自分ひとりで宇宙服を脱げる設計にしておくことが大切です。

ということで、ここまでがまず、"宇宙服はひとりで脱ぐことができる"べき、という理由。

次に、着る場合について。

宇宙空間には宇宙ゴミや小さな隕石などが飛んでいます。これらはスペースデブリと呼ばれています。

先に、船外活動をする宇宙飛行士はこのような環境に曝されている、ということを書きましたが、これは宇宙船自体も同じです。

場合によっては、秒速約8km（ライフルの弾丸は秒速約400m）の速さで移動している物体もあり、そのまま宇宙船に衝突する可能性もなくはありません。

衝突物の大きさにもよりますが、宇宙船に穴が開き、瞬く間に空気がなくなっていくこともあるかもしれません。

そんな時に仲間に宇宙服を着せてもらう時間があるかというと、ありません。さらに、仲間も無事でいるためには、仲間自身も宇宙服を着る必要があります。

そうです。ひとりで宇宙服を着られるようになっていないと、仲間を失う可能性が高くなるかもしれません。

このことから"宇宙服はひとりで着ることができること"は宇宙服に対する

要求につながります。

　このように"どのような宇宙服を作るか"という要求を整理するにあたって、まずは"どこで何をするのか"ということを考えます。既存の宇宙服がどのように作られているのかを比較しながら、どのような宇宙服が要求を満たす宇宙服なのかを考えることが大切です。

　以上が"宇宙服はひとりで着脱可能であること"を要求として挙げた理由になります。

　あまり宇宙の話をするとピンとこないと思いますが、身近なことに例えるなら家作りでしょうか。

　自分の家を作ってもらうとき、建築士さんに自分の理想（要求）を伝えますよね？　そして、その理想（要求）にはほとんどの場合、理由がありませんか？　例えば、"書斎用のスペースが欲しい。なぜならひとりで集中して作業をしたいから"、"アイランドキッチンが欲しい。なぜなら子供の面倒を見ながら料理できるようにしたいから"など、要求を深掘りすることで理由が見えてくるはずです。要求に対して理由があると、イメージを共有しやすいでしょう。

1-2-4 要求から仕様（スペック）を考える

　では、"これから作る宇宙服に対する要求"を出したら次にやらなければならないことは何か？　それは、それぞれの具体的な仕様（数字など）の洗い出しです。

　例えば、先に挙げた"宇宙服はひとりで着脱可能であること"といった場合、宇宙服の仕様はどうあるべきか。

　これを考えるにあたって、さらにいろいろな情報を集めなければなりません。

　というのも、ここまでの段階で、まだそもそも宇宙服を着る人の定義をして

いません。

　これを定義してあげないと、どういう宇宙服を求めているかイメージはでき上がっていても、服のサイズやデザインは見えませんよね？

　そのため、こういう質問を並べていきます。

"宇宙服を着る人の身長は何 cm 〜何 cm の人を想定する？"

"男性用と女性用は分ける？"

"頭、首回り、胸回り、腰回り、臀部、太もも、足の大きさなどはどのくらいの範囲にする？"

　さらには、宇宙船の座席や宇宙船の中と外をつなぐ出入口（ハッチ）の大きさなども考慮しなければなりません。

"宇宙服の寸法（高さ、幅、奥行き）は？"

"宇宙船の中と外をつなぐ前室（エアロック）の寸法は？"

"何分以内で着脱できればよいのか？"

などなどの質問を洗い出し、考え、書き出す。

　質問を書き出し、それに対する答えを書いていくことで宇宙服の"服"の部分の姿をイメージしやすくしていきます。

　そうすることで、これから作ろうとする"ひとりで着脱可能な宇宙服"の姿が、

"宇宙服は身長 160cm 〜 190cm で全国民の 5% 〜 90% の体形をした男性／女性宇宙飛行士が 15 分以内にひとりで着脱可能であること"

というような、より詳細な表現になっていき、自分以外の人にも宇宙服のイメージが伝わっていきます（本来ならばもっと細かくなるのですが、ここでは

割愛します）。

　これをまた、家作りに例えると、書斎の広さやアイランドキッチンの高さ、大きさ（幅、奥行き）、向き、照明の明るさのようなものでしょうか。

1-2-5 要求と仕様を実現する方法を考える

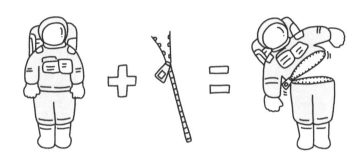

　このように宇宙服の姿が具体的になってきたら、それを実現するための方法やもの（装置）を考えていきます。

　前述の"ひとりで着脱可能"というところだけに注目しても、ロシア製のオーランのような手段を取るのか、それともまったく新しい方法を考えるか、選択肢はひとつではありません。

　それこそ宇宙服に限らず"ひとりで着脱できる服"というのをいろいろ調べました。

　スキューバダイビングで使うウエットスーツのように、背中に縦のファスナーを付けることでさなぎの羽化のように出入りできないか。

　または同じスキューバダイビングで使うドライスーツのように、胸の前にファスナーを付けることで胸から出入りすることができないか、など。

　宇宙とは関係ないものでも、「ひとりで着脱可能かどうか」という要素だけ抽出して調べてみると、参考にできるものはかなりあります。

　ここまででも途方もない作業なのですが、まだまだいろいろ考えなければならないことがあります。

　宇宙船に乗せるための重さ／大きさの制限、月面での修理やメンテナンスなどの際に、月面で"直せない！"とならないための方法も大きな課題。

　これらを今使われている宇宙服だけでなく、過去、それこそアポロ時代の文献までさかのぼり、あらゆる情報を精査しました。当然、宇宙服の研究開発の歴史も調べます。

　そこから"これから作る宇宙服はこういうことができるもの"、"これをやるためにこういう機能・性能があること"、"その機能・性能を満たすためにはこういう機器／装置を使う"というまさにCHAPTER3以降で紹介する「リ・デザイン思考法」につながる研究・調査を行っていきました。

　しかし残念ながら、オバマ元大統領の政権下で、「コンステレーション・プログラム」は閉じられてしまいました。その後、宇宙服の開発は、試作やデータ取りをするところまで研究が進みましたが、中断することになりました。しかし、ストーリーはここで終わりません。

1-3　宇宙服の研究を熱中症対策に転用—冷却下着ベスト型

　東日本大震災以降、熱中症が社会問題となっていました。そんな時、宇宙服研究用の"冷却下着"を試作してもらった企業から、これまでの研究成果を熱中症対策用商品に転用できないか、という相談がありました。

　まず"冷却下着"について説明しましょう。

　"冷却下着"とは簡単に言えば、首、手首、足首を覆う全身タイツのような肌

着に冷却水を流すためのチューブが縫い付けられた服です。

　なぜ宇宙服にこの"冷却下着"が必要かというと、宇宙服は宇宙の温度環境（P.29参照）から宇宙飛行士を守るために、宇宙服の中に熱が入らないように断熱しなければならないからです。

　逆に言えば、宇宙飛行士が動くときに筋肉から発生する熱は何もしないと宇宙服の中にこもり、内部の温度が上昇し、宇宙飛行士は熱中症になってしまいます（ある意味、究極のサウナスーツみたいな感じ）。

　そのため、宇宙服を着るときに宇宙飛行士は"冷却下着"を身に着けて、冷却水を流すことで体を冷やしながら作業ができるようになっています。

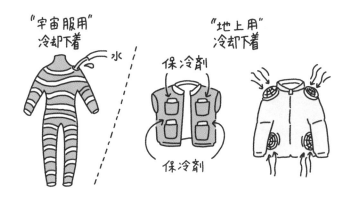

　本物の宇宙服は試作止まりだったのですが、宇宙服研究のノウハウが熱中症対策に応用できるのではないかということで、冷却下着の開発に協力することになったのです。

　最初に行ったのは、宇宙服の研究同様、"要求を整理する"作業です。

　例えば、

"誰が使うことを想定しているのか"

"どういう環境で使うことを想定しているのか"

"どれくらいの時間、冷却できればよいのか" など。

　研究用の冷却下着はあくまで宇宙服の中で着ることを想定しています。

　着やすさよりも冷却性能を十分に持たせることに主眼を置いているものなので、装着する時間がかかってもやむなしという設計になっています。

　しかし、地上で使用するのであれば、競合商品に対して優位性がないと作っても売れない、ということからデザインの変更は必須。

　そこで、「冷却下着ベスト型」に対する要求をまとめることから始めました。

"すぐ着られるようにしたい"
"冷却は 1 時間程度できればよい"
"防護服など空気を冷却の手段として使えないような環境でも着られるようにしたい" など。

　次に既存の冷却商品は何ができるか、すでに同様の機能が備わっていないかを識別しました。

　例えば、"すぐに着られるようにしたい"、という要求だと、保冷剤を入れるベスト型の商品がすでに当てはまります。

　また、風を使って体を冷却する商品としてジャケット型もあります。

　それに対して宇宙服用の冷却下着は全身タイツのようなデザイン。

　これでは "すぐに着られるようにしたい" という要求は満たさないため、宇宙服用の冷却下着のデザインは見直すことになりました。全身が冷やせないことにより冷却性能が落ちる、というデメリットはありますが、そもそも地上は、宇宙の環境より厳しくありません。そこで、着用しやすいベスト型を採用することにしました。

　そして、"冷却は 1 時間程度できればよい" という要求については、既存商

品で満たせるものがあるかを調べ、どのように冷やすかを検討しました。実は
これが一番難しい課題でした。詳細を書くときりがないので割愛しますが、環
境により必要となる冷媒の量が変わってくることがネックでした。量を増やせ
ば効果は増しますが、全体の重さは重くなります。宇宙空間と地上の作業環境
が異なるのでやむを得ないところではありますが、逆に"この条件ならば1時
間程度の冷却ができます"という示し方をすることにしました。

そして、最初の製品ができたらさらにユーザーのニーズ（要求）を引き出し、
改良をしていく、という作業を行っていきました。

当初のバージョンでは腰に約1リットル（1kg相当）の氷、ポンプ、電池を
ぶら下げていました。しかし、重くなるので他の方法はないか、携帯性と作業
性を両立させるにはどうすればいいか、など改良を重ねていきました。

常に、新しい要求があればその要求の背景から解を模索する。実は、こうし
た考え方自体、宇宙服研究の成果ともいえます。

おかげでプロジェクトは成功。要求を満たした、今までにない新しい商品を
開発することができました（下記写真）。

冷却下着ベスト型（帝国繊維株式会社 テイセン TEIKOKU SEN-I Co.,Ltd.（teisen.co.jp/product/553/））

　さて、ここまでは目的を達成するために、地上に潤沢に存在するオプションの中から最適解を選ぶ、というお話でしたが、宇宙へ行くとこれはまったく別の話になります。

　第一に宇宙にはお店や工場がない。そして、宇宙に何かを送るとしても簡単には送れない、というのが理由です。

　そのため、人が宇宙へ行っている間は"そこにあるものでどうにか条件を満たすものを作る"ということを考える必要があります。

　ここからは実際に"こんな風に身のまわりにあるものを使って宇宙でのトラブルを切り抜けた"という考え方のレッスンとなるような事例をいくつか紹介したいと思います。

　そして、この先を読むことで宇宙を舞台にした映画『アポロ13』や『オデッセイ』をご覧になった方ならば"あ〜"と思うようなことがあるかもしれません。

1-4-1 スペースシャトル「コロンビア号」爆発事故

　野口聡一宇宙飛行士が初めて宇宙へ行ったのは、2005年7月26日のSTS-114というミッション。2003年2月1日にアメリカの宇宙船、スペースシャトル「コロンビア号」の事故があってから約2年半後のことでした。

　この話を進めるにあたって、まずは事故の話に触れておきたいと思います。

　スペースシャトル「コロンビア号」の事故が起こった理由についてはいくつかありますが、そのうちのひとつが"打ち上げ時に燃料タンクを熱から守る断熱材が剥がれ落ちた"ことです。

　これにより、剥がれた断熱材がスペースシャトルの翼の部分にぶつかり、翼

の部分に穴が開きました。

　ここまで読むと「コロンビア号」が打ち上がったときに事故を起こしたように思えるかもしれませんが、実は宇宙までは無事に行くことができました。

　事故は地球に帰還（再突入）するときに起こりました。

　宇宙空間にいるとき、スペースシャトルは秒速約8km（時速約28,800km）で飛行をしています。

　そのスピードで宇宙から地球へ再突入するとき、大気の密度が増えるにつれて空気の抵抗は大きくなります。そして、この空気との摩擦によりスペースシャトルの機体の外側は最高で1600℃まで熱せられます。

　再突入の際に高熱に曝されるスペースシャトルの開いた穴に、高温が入り込んだことでスペースシャトルの機体は破壊され、7名の宇宙飛行士の尊い命が奪われるという痛ましい事故となりました。

1-4-2　宇宙にあるモノだけで道具を作れ！

　そして、このスペースシャトル「コロンビア号」事故の次に計画されたのがSTS-114という野口 聡一宇宙飛行士の初フライトとなったミッション。

　さすがに、事故の後のミッションということもあり、スペースシャトルが宇宙へ到着した際に機体に問題がないか、チェックが入念に行われました。

　国際宇宙ステーションからたくさんの写真を撮影し、機体、特に再突入時に高温に曝されるスペースシャトルの先端、翼の部分、そして底面に傷がついていないか地上で入念にチェック。

　そして、この時、たくさん撮影した写真からわかったのはスペースシャトルの底面に何か飛び出しているものがある、ということ。

　実はこの飛び出しているものの正体は“ギャップフィラー”というスペースシャトルに敷き詰められている耐熱タイルの隙間を埋める薄い板状のもので

した。

　即座に地上ではこのギャップフィラーが再突入時、機体にどのような影響を与えるか解析。結果、高速で再突入する際に気流が乱れ、想定されていない空気の流れが発生する、ということがわかりました。

　そこで、このギャップフィラーをどうにかしなければならない、ということで、地上で検討がなされました。しかも、このギャップフィラーがしっかりと挟まっていて抜き取ることはできないのか、はたまた、手、もしくは工具でつまんで引っ張ればどうにかできるのか、どのような状況かわからないため、複数の対処オプションを考える必要がありました。

　"つまんで引き出すことができるのか？"、"仮につまめたとしてもしっかり挟まっていて引き抜くことができなかったらどうすればよいか？"、などあらゆる可能性を想定して、対策を考えました。

　"スペースシャトルの裏側のギャップフィラーが飛び出している場所へ行くことはできるのか？"場合によっては移動手段も考えなければいけません。

　（船外活動では基本的に"ハンドレール"という手すりを伝って移動をします。ですが、スペースシャトルの裏にはそのようなものはないため、どのようにし

て行くかは大きな課題のひとつでした）。

　安全、確実に宇宙飛行士たちを地上へ戻す方法について議論が繰り返され、万が一つまんで外せなかった場合、ギャップフィラーの突出している部分をどうにかして切る、というのが解決策のひとつとして考えられました。

　つまむ道具はありました。でも "切るための道具" はどうするか？

　その解決策は**"宇宙にあるものだけで専用の道具を作ること"**。そのために宇宙で使える道具の中から "何を組み合わせたらよいか？" ということが考えられ、たどりついた答えが "宇宙船内で使用する工具の中にある糸鋸を宇宙服の手袋で持って作業できるようにしよう" というものでした。

　そして、この道具を持っていざギャップフィラーを取り除くための船外活動

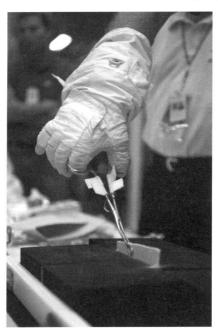

宇宙にある "つまむ" 道具（出典：NASA）

この工具の説明

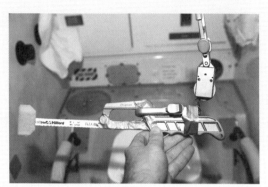

宇宙にあるもので作られたギャップフィラー切断用工具（出典：NASA）

船外活動をしているとき使用する工具を万が一手放してしまうと、そのまま宇宙空間へ飛んでいってしまい、最悪、宇宙ゴミと化して今後、国際宇宙ステーションや宇宙船に衝突して破壊する可能性があります。また、工具を失うことで予定していた作業ができなくなってしまいます。

そのため、船外活動で使用する工具はすべて宇宙服のどこかにひも、ワイヤーとフックで取り付けて手を放してしまっても飛んでいってしまわないようにします。

このことから、上の写真の右側の糸鋸の持ち手部分に、ワイヤーの先についているフックをガムテープで巻いてしっかりと固定。

写真左の半月のような形のものはギャップフィラーを切っている際に糸鋸でスペースシャトルの断熱材を傷つけてしまわないよう取り付けられた、先端を覆う手作りのカバーです。

が行われ、見事成功。無事に地球へ帰還することができました。

ところで、この話にはオチがあります。

実際に船外活動でギャップフィラーを取り除きに行った際、担当していた宇宙飛行士が手で上手くつまむことができて、しかもすっと抜くことができたため、結局作った道具が活躍する機会はありませんでした（笑）。

記者会見の場で道具と使い方は紹介されましたが…それだけでした。

船外活動で取り除かれたギャップフィラー（出典：NASA）

　しかしここでお伝えしたいことは、冒頭に書いたように、"あるものだけで要求・条件を満たす新たな道具を作り出すための発想"なのでお忘れなく！

1-4-3　ミッション中断!? 身近な道具で問題解決

　もうひとつの話は星出彰彦宇宙飛行士が2012年に国際宇宙ステーションで船外活動を行ったときの事例で、みなさんが毎日使っている道具を使ってミッションを成功させた、というお話です。

　この時は船外活動で、宇宙空間に様々な材料を曝すことで真空、低温・高温、紫外線などがどのような影響を与えるか、ということを調べるための装置を取り付ける、というミッションでした。

　ただ、最初に行った取り付け作業ではその装置を取り付けることができませんでした。

　取り付けるねじ穴（正確に言えば溝）にゴミのようなものがあって、上手くねじ込めない、というのが理由でした。

　しかし、そのゴミを取り除くには宇宙服の指は大きすぎて入りません。

　そこでその日の船外活動は終わりにして、一旦船内へ戻り、次の回に向けて

解決策を練ることに。

　ここまでで"何をすればよいか"＝要求は何かということに気づいた読者もいるかと思います。

　そうです。"装置を取り付けられるよう溝にあるゴミを取り除きたい"が要求。あとはこれを実現するための道具を作るだけ。

　技術者たちは国際宇宙ステーションにある使える道具の中からこの要求を満たすことができる工具を考えました。溝……狭い……宇宙服の指が入らない……掻き出さなければならない……狭い場所のものを掻き出す……歯ブラシ!?　というような発想を巡らせたのでしょう。

　使用したのは歯ブラシ。

　これを船外活動で使えるようにするための議論をし、道具が作られ、無事、ミッションを達成することができました。

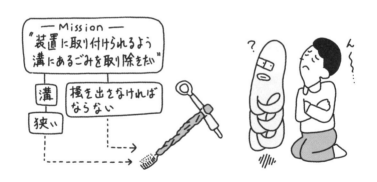

1-4-4 国際宇宙ステーションで空気が漏れた！ 環境を生かした解決策

最後にもうひとつ、面白い事例を。

2020年に国際宇宙ステーションで、危機的な量ではないですが、空気が漏れているということがわかりました。しかし、大型のジャンボジェット程の広さがある国際宇宙ステーション。どこから空気が漏れているかを特定するのは大変です。細かい部分は割愛しますが、最終的に国際宇宙ステーションのロシアの区画から空気が漏れていることが判明。しかし、漏れている場所がわかりません。

では見つけるためにどうしたか。

"空気が漏れている"＝"吸い出されている"わけですよね。そうであれば、吸い出される場所を見つければいい。

ではどうやって？

まず、宇宙飛行士たちが過ごしている国際宇宙ステーションはモノがふわふわ浮く無重力（正確にはほんのわずかな重力はあるので"微小重力環境"という）環境です。

そして、そのどこかから空気が吸い出されている。

でも空気は見えない。

では、その空気が漏れる場所がわかるように目に見えるモノを使えばよいのでは？

そうなったときに出てきたアイデアが"茶葉を使う"というもの。

絞り込んだ区画をまずはビニールシートとガムテープでさらに区切り、その中に茶葉を浮かせる。

すると、茶葉はある1カ所に引き寄せられるように集まる。これによって空気が漏れている場所を特定できました。

> "空気が漏れている" ⇒ "吸い出されている" ⇒ "吸い込まれている場所を見えるようにすればよい" ⇒ "何かを浮かせて、吸い込まれている場所に集まるようにすればよいのでは？"

　このような考え方で、まずは事象から状況を洗い出し、要求（目的）を整理し、条件と制約から何が使えるか／できるかを考え、解決策を導き出しているのです（テレビ番組の『THE突破ファイル』でも取り上げてもらえそうな話ですね（笑）。ちなみに、この話がニュースとして出る前に、実は漫画『宇宙兄弟』の中で似たようなエピソードが描かれています）。

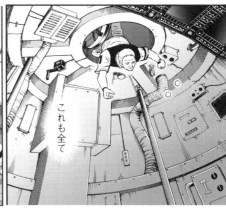
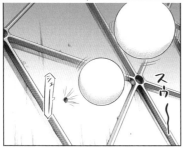

『宇宙兄弟』37巻（小山宙哉著、講談社）より。エディがピンポン球を使って、国際宇宙ステーション内の空気漏れの箇所を突き止めるシーン　©小山宙哉／講談社

1-5 柔軟な思考を持ちましょう！

さて、ここから先を読み進めるにあたり、複雑に思える宇宙の話から地上の身近な思考にすることで、読みやすくなるようみなさんに暗示をかけたいと思います。

"実はみなさんも日々の生活の中で、似たようなことをやっています！"

といったら驚かれるでしょうか。

例えば、スマホのシムカードを入れ替えるとき、いつも専用のピンを使っていますか？

私は面倒くさがりなので、海外出張で海外用のシムカードに入れ替えるときは書類を挟んでいるクリップを曲げて代用することがあります。

また、髪の長い女性でたまに見かけるのですが、長い髪が邪魔でまとめたいのに、バレッタやカチューシャ、ヘアゴムのようなものがないときにボールペンや棒状のものを使って髪をまとめることはありませんか？

他にもペットボトルを使って、ちょっとした植木鉢を作ってみたり、卵の黄身と白身を分けてみたり、その道具の本来の目的以外の使い方をしていることがあるのでは？

新型コロナウイルス感染症が広がりマスクが一時期不足したときは、ハンカチや下着を使ってオリジナルのマスクを作る、というような動画も流行りましたよね？

これらはすべて"何をしたいのか？"というのがまずあって、それに対して意識をしていないかもしれませんが、この後に紹介する「リ・デザイン思考法」を頭の中でやっているだけなのです。

実際に本書を読んでこの「リ・デザイン思考法」を試してみると、"あーそういうことね"、"確かにね"と気づくことが多々あると思います。

　そして、この方法を身に付けることにより、個人が思いついたことを、組織における専門性を有した人々（モノづくりをする人、お金を管理する人、営業をする人や役員のように判断をする人）、異なる考え方を持った人たちにわかりやすくプレゼンするためのツールにもなります。さらにはこのツールを使うことで以下のようなことが可能になります。

・**新しいアイデアを生み出したい**
・**思いついたアイデアをみんなに説明したい**
・**商品改良はどうすればいいか**
・**自分たち／自社の持っている強み・弱みを視覚化したい**
・**すでに持っている技術で新しいことができるかどうか判明させたい**

　"柔軟な思考"でこの先に紹介する「リ・デザイン思考法」について読み進めてください。

CHAPTER1のまとめ

　CHAPTER1では、"見える化"することがいかに大切か、ということを紹介しました。見える化は、宇宙服研究の事例に限らず、開発対象や作業のイメージを言語化して、チームで共有するために必要なスキルです。

　"宇宙服"や"冷却下着ベスト型"の事例では、まだ存在しないモノを形にするために、必要となる条件を抽出（＝分解）することで、実現までの道筋を明らかにしていきました。

　また、宇宙空間で発生した問題を身の回りにあるもので解決するには、解決したいこと（＝要求）をひとつひとつ分解しながら条件を明確にしていくことで、解決策を導くことができました。

　続くCHAPTER2では、「要素分解」についてさらに詳しく説明します。要素分解の基本的な原理を知ることで、"分解"というプロセスをどのような場面でも応用することができるようになります。

要素分解の仕組みと
システム思考

　宇宙開発では、最初に**ミッション（Mission）**の全体像を描き、それ
を成功させるために必要な要素は何かを考えます。ロケットや人工衛星など
の宇宙機を設計する際も、全体をシステムとして捉え、そのシステムを「構
成要素」に分けて設計・開発するアプローチを採用します。すなわち、シス
テム全体をより小さな部分に分解して理解することで、大規模かつ複雑な
システムの設計・開発を可能にします。

　CHAPTER1 の「見える化」では、ミッション遂行のために必要な作業
を細かく分解して考えていくことで、宇宙服というシステム全体に必要な要
素を把握することに成功していました。同じような思考をあらゆる設計対象
に適用します。

　このように設計対象をシステムとして捉え、システムを構成要素に分解し、
構成要素の果たすべき機能や役割、さらに構成要素間の相互作用を考え
るアプローチを**システムズ・アプローチ（Systems Approach）**と呼
びます。本章でははじめにシステムの意味を説明した上で、システムズ・ア
プローチに不可欠な**「要素分解」**の基本的な考え方を紹介します。「シス
テム」という言葉は馴染みが薄いかもしれません。しかし、私たちが毎日
のように使う机や椅子、ソファやベッドもシステムと見なすことができます。
まずはシステムの考え方から学んでいきましょう。

「システム」として対象を理解する

　さぁ、最初にほんの少しだけ概念的な説明をします。やや堅苦しく感じるかもしれませんが、我慢して読んでください。システムという考え方の本質を正しく理解しておくことが、本書を読み進める上で重要だからです。

　システム（System） とは、「複数の構成要素が相互作用しながら、全体としてまとまった機能を発揮し、特定の目的を達成するもの」です。突然このような難しい定義を提示してもピンとこないですよね。ですが、システムは私たちの身近に存在しています。

　システムの例として箸を挙げることができます。箸は2本の棒で食べ物をつかみ食べることを目的とした製品です。箸のような単純な製品がシステム？と感じたかもしれません。前述の定義に当てはめると、2本の棒が「構成要素」、食べ物をつかむのが「機能」、食べることが「目的」です。よって、箸はシステムとみなすことができます。ですが、目の前に2本の棒が偶然落ちていても、

それらをシステムとみなすことはできません。なぜなら、この2本の棒には、食べ物を食べるというユーザーの「目的」が備わっていないためです。

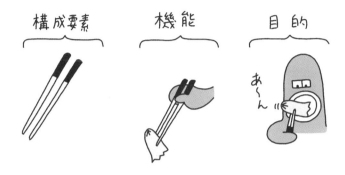

　図2-1は対象をシステムとして捉える際のイメージを表しています。仮にXという未知の何かがあるとしましょう。システムとしてのXは構成要素に分解することができます。そして、システムを構築する各要素は機能を発揮します。

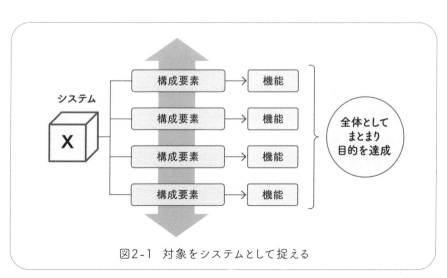

図2-1　対象をシステムとして捉える

さらに、これらの機能が全体としてまとまり、特定の目的を達成します。製品であってもサービスであっても、対象を構成要素に分解し、構成要素と構成要素の相互作用に着目することで全体の目的や性質を理解する、それがシステムとして考えるということです。**システムとは、ものの見方や捉え方**であると理解してください。

2-2　　要素分解で全体像を明らかにする

対象をシステムとして捉えることは、要素分解して考えることから始まります。**要素分解とは、全体をより小さな部分に分けること、または、分けて考えること**をいいます。分析する対象が大規模かつ複雑な場合、その全体像をつかむことは容易ではありません。従って、全体をより小さな部分、すなわち全体を構成する部分的な要素（＝構成要素）に分けて、構成要素の性質や振る舞い（＝機能）を個別に理解することで、最終的に全体を理解することを目指します。

要素分解を行う際に一般的に用いるのが図2-2のような階層図です。**上から下に全体を徐々に構成要素に分けるプロセスを「分解（Decomposition）」と呼び、逆に、下から上に分解されたものをまとめていくプロセスを「統合（Integration）」と呼びます。**

分析対象全体をシステムとして捉える場合、そのシステムを構成する要素が**サブシステム**と呼ばれる単位であり、さらに、サブシステムを分解していくと**コンポーネント**と呼ばれる単位になります。分析対象がよくわからない場合に、対象を構成している複数の要素にまず分解して考えることで、少しずつ全体像

を明らかにしていくことができます。

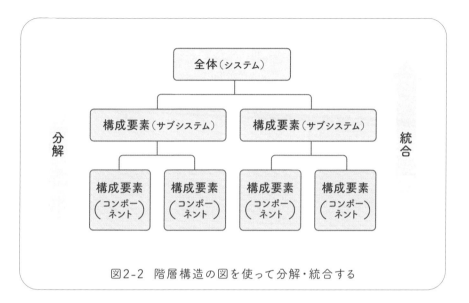

図2-2　階層構造の図を使って分解・統合する

2-3

要素分解の注意点

　要素分解を行う際に気を付けるべきこととして、**MECE**（ミーシー）（Mutually Exclusive and Collectively Exhaustive）と呼ばれる概念があります。

　これは、上位概念を下位概念に分けて考える場合、つまりシステムからサブシステム、サブシステムからコンポーネントに分解する場合、"モレなくダブリなく"分解しなければならないという大原則です。

　図2-3（P.56）を見てください。MECEとは、「AはBとCの2つに分解でき、また、BとCを統合すればAになるという関係が成立する場合（図2-3左）」を指します。Aを構成する要素として何かが欠けている場合（図2-3中央）や、あるいは、BとCは一部が重複している場合（図2-3右）は、MECE

であるとは呼べません。

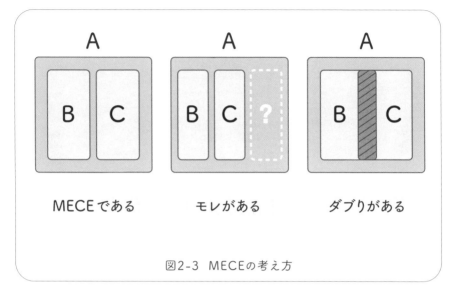

図2-3　MECEの考え方

　MECE を実現するためには、X と X 以外に分けるのが最も簡単な方法です。例えば、乗り物には自動車、飛行機、電車、船舶など、複数の種類があり、すべてを網羅することは難しいです。しかし、自動車と自動車以外という分け方にすれば、自動車以外のすべての乗り物は後者に属することになり、MECEの状態を実現できます。要素分解を行う場合、X と X 以外という分解の仕方は便利なので覚えておきましょう。

2-4　ハンバーガーを分解してみよう

　では、実際に分解という行為を体験してみましょう。百聞は一見に如かず、です。みなさんにとって親しみのある食べ物、ハンバーガーを要素分解します。

　みなさんはハンバーガーを食べたことがありますか？　好き嫌いは抜きにして、一度は見たことがあると思います。ハンバーグをパンで挟み、さらに、チーズやケチャップなどを加えて、手に持って食べるあの食べ物です。ちなみに筆者が人生で初めて経験したアルバイトは、世界最大のファーストフード店です。スマイルを0円で注文できるお店の調理スペースで働きました。当時は100円バーガーという新コンセプト商品が登場し、ドライブスルーでハンバーガーだけを大量購入するお客様が一気に増え、必死になってハンバーガーを大量生産した記憶があります。

　それでは、ファーストフード店に入って、ハンバーガーを1個テイクアウトで購入する場面を想像してください。

　購入したものを分けて整理すると、ハンバーガーという食品そのものに加えて、紙袋やナプキン、プラスチック製の手提げ袋を店からもらえることが多いでしょう。これらすべてが、商品としてのハンバーガーを構成する要素といえます。MECEの考え方に従って、ハンバーガー本体と本体以外に分解することにしましょう。ここまでは簡単ですね。

　次に、ハンバーガー本体を分解してみましょう。

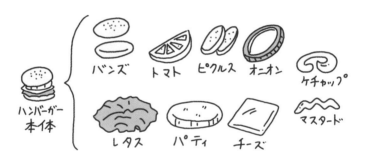

　まず、バンズと呼ばれるパン生地は上側と下側とで別のものが用いられますが、ここではひとつのものと考えましょう。野菜が挟まれていることも多いですね。代表的なものは、トマト、ピクルス、オニオン、レタスなどでしょう。パティというのが肉で作られたハンバーグのことです。さらに、好みに応じてチーズを挟む場合もあるでしょうし、ケチャップやマスタードは追加、または、除外できることが多いでしょう。

同じようにハンバーガー本体以外も分解してみましょう。

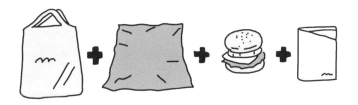

　ハンバーガーを直接包装する包み紙があります。お店にもよりますが、ハンバーガーは個別包装された上で、紙袋に入れて、さらにその紙袋を入れるプラスチック製の手提げ袋をもらえることが多いでしょう。紙袋の中には、ナプキンが複数枚入れてありますね。

　このように、ハンバーガーという商品は、それを構成する要素に分けて捉えることができます。この場合のバンズやパティ、包み紙などが構成要素であり、より詳細な部分に分けていくプロセスを**分解**と呼びます（図2-4）。

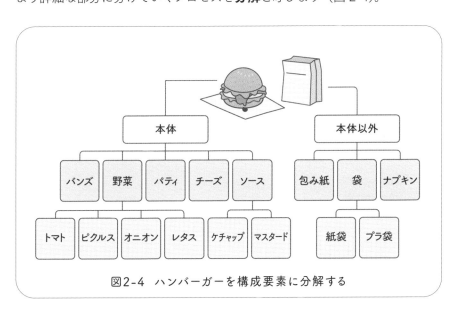

図2-4　ハンバーガーを構成要素に分解する

2-5 構成要素から機能を考える

さて、少し復習をしましょう。システムの定義を覚えていますか？ システムとは「複数の構成要素が相互作用しながら、全体としてまとまった機能を発揮し、特定の目的を達成するもの」でした。この定義の中で重要な概念が**機能（Function）**です。機能とは、構成要素単独、またはその組み合わせによって発揮される「作用、役割、はたらき」のことです。箸の例では、「食べ物をつかむ」ことが機能でしたね（P.52）。

再びハンバーガーの例で考えてみましょう。問題を簡単にするために、図2-4（P.59）の中間の階層に記載されたものを分析の対象にします。バンズ、野菜（最もシンプルなピクルスにしましょう）、パティ、チーズ、ソース、包み紙、袋、そしてナプキンが、それぞれどのような機能を発揮するか考えてみてください。以下のように箇条書きにするとわかりやすいです。**機能を考える際は、名詞＋動詞の組み合わせを意識しながら具体的に考えてみましょう。**例えば、はさみの機能を考えるのであれば、「紙を」（名詞）＋「切る」（動詞）となります。スコップであれば、「土を」（名詞）＋「掘る」（動詞）となります。必ず

構成要素	機能
● バンズ →	
● ピクルス →	
● パティ →	
● チーズ →	
● ソース →	
● 包み紙 →	
● 袋 →	
● ナプキン →	

しも名詞＋動詞の組み合わせにこだわる必要はありませんが、最初に考える際は名詞＋動詞を意識するとやりやすいです。

　バンズの機能は何でしょうか？　人によって解釈が異なるかもしれませんが、おそらく一番の機能は**「具材を挟む」**ことでしょう。また、バンズの大きさによって**「食べ応えを与える」**こともできるでしょう。ピクルスの機能も様々に解釈できそうですが、**「酸味・歯ごたえを出す」**と定義しましょう。パティは一番重く、カロリーの高い部分なので**「食べ応えを与える」**のが機能だと考えてよいと思います。チーズは**「コクを出す」**ためにあり、ソースは**「味を調える」**という機能を発揮します。包み紙は**「（ハンバーガーを）手に持つ」**ため、また、**「（ハンバーガーの）温度を保つ」**ためにあると考えることができます。袋は**「（ハンバーガーを）持ち運ぶ」**ためや、持ち運ぶ際に**「（ハンバーガーの）温度を保つ」**ためにあるのではないかと推察できます。ナプキンは**「汚れを拭く」**ためにお店が入れてくれているのでしょう（図2-5）。

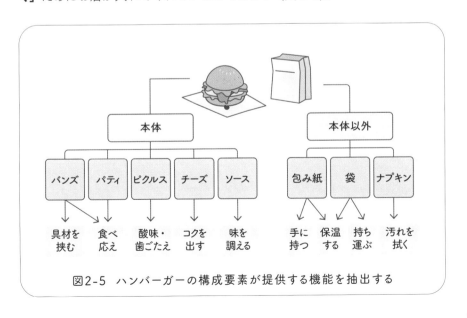

図2-5　ハンバーガーの構成要素が提供する機能を抽出する

このように、ハンバーガーを構成する各要素は、それぞれがハンバーガーという商品に求められる機能を発揮しています。これらの機能が適切に発揮され、組み合わされることによって、ハンバーガーの購入者は目的を達成することができます。

2-6　機能からユーザーの目的を考える

構成要素の機能を抽出できたら、次はその目的を考えましょう。

目的とは、何のためにその機能があるのか、ということです。同じ機能であっても製品やユーザーによってその使い方、すなわち、目的は異なる場合があることに注意が必要です。

例えば、ガラス製のコップという製品が「液体を」＋「貯める」という機能を発揮しているとします。この時、あるユーザーはコップを「水を飲む」という目的のために使うかもしれません。また、別のユーザーは「花を生ける」という目的のために使うかもしれません。**機能が定まれば一義的に目的が定まるわけではなく、ユーザーや使用環境の違いを考慮しながら考えていく必要があります。**

ハンバーガーの例で具体的に考えてみましょう。抽出した機能についてそれぞれの目的を考えていきます。まずバンズの機能である「具材を挟む」目的は、一度にまとめて食べるため、手軽に食べるためなど、様々な目的が考えられます。ブレインストーミング法（詳細は P.69 を参照）を適用していろいろな案を出した上で、親和図法（詳細は P.73 を参照）を使って収束させましょう。今回は、**「素早く」**食べるためと定義します。ピクルスは酸味や歯ごたえを出し、

チーズはコクを出し、ソースは味を調えてくれますが、これらは**「さっぱり」**食べたい、**「美味しく」**食べたいというユーザーの目的につながるものです。肉でできたパティは食べ応えを与えてくれ、**「しっかり」**食べたいという目的に貢献します。包み紙は手に持つことを可能にし、**「どこでも」**食べたい、**「素早く」**食べたいという目的に貢献します。袋も**「どこでも」**食べたい、さらに、包み紙と同じく保温機能を発揮することによって、**「温かいまま」**食べたいという目的に貢献します。ナプキンは汚れた場合にそれを拭きとる機能を提供し、**「きれいに」**食べたいという目的に貢献します。このようにハンバーガーの各構成要素によって複数の機能が発揮され、それらが組み合わされることによって、ユーザーの目的を達成するのです。

構成要素	機能	ユーザーの目的	
● バンズ	→ 具材を挟む	→ まとめて、手軽に食べる	→ 素早く食べる
● ピクルス	→ 酸味・歯ごたえを出す	→ さっぱり食べる	
● パティ	→ 食べ応えを与える	→ しっかり食べる	
● チーズ	→ コクを出す	→ 美味しく食べる	
● ソース	→ 味を調える	→ 美味しく食べる	
● 包み紙	→ 手に持つ・保温する	→ どこでも、素早く食べる	
● 袋	→ 持ち運ぶ・保温する	→ どこでも、温かいまま食べる	
● ナプキン	→ 汚れを拭く	→ きれいに食べる	

　以上の分解結果をひとつの階層図にまとめたものが図2-6です。ハンバーガーというシンプルな商品が、どのような構成要素から成立し、それぞれの構成要素がどのような機能を発揮しているのか、さらに、機能が組み合わされることによってどのような目的が達成されるのかを明らかにしています。分解結果を階層図で表現することにより、分析対象について俯瞰的かつ体系的な理解が可能になります。

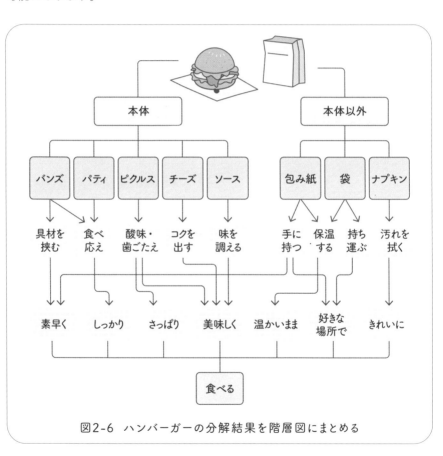

図2-6　ハンバーガーの分解結果を階層図にまとめる

要素分解的思考のメリット

　筆者は、要素分解を行うメリットは主に３つあると考えています。まず、対象を要素に分解して考えることで、考えるべきことがより明確になります。次に、考えるべきことのうち、自分に知識やスキルがあることとそうでないことの区別ができます。足りない部分は得意な人に頼ることもできるでしょう。さらに、図2-2（P.55）のように要素分解を階層的に行うことで情報の抽象度を揃え、体系的に整理された状態で理解を促進させることができます。

メリット①考えるべきことが明確になる

　みなさんは写生大会に参加したことはありますか？　自然や街の風景、建物、乗り物などを絵に描くイベントです。

　例えば、自動車の絵を描く場面を想像してみてください。あなたはどこから描きはじめますか？　目の前に自動車があれば目についた箇所から写生することができます。しかし、具体的対象が目の前にない場合には、描くべき要素が何かを知らない限り描きはじめることができないでしょう。自動車にはタイ

ヤやドア、ハンドル、シートなどの構成要素があると知っている人は、それらの知識に基づいて、目の前にはない自動車の絵を想像で描くことができます。未知の対象を描くには、その構成要素の知識が手がかりとなります。

　思考も同じです。対象をよく知らない状態で全体像を考えることを求められても、何から考えればよいのかわからないのが普通です。考えるべき対象の構成要素から考えることで、全体としては理解が不足する未知の対象であっても、考えはじめることができます。**要素分解を行うための時間は思考の遠回りのようで、実は全体を正しく捉えて理解するための近道です。**

メリット②足りない知識やスキルを特定できる

　要素分解によって対象を細かい部分に分けて考えることができたら、今度は自分の知識やスキルで理解できる分野とそうでない分野とに区別することができます。すなわち、得意な分野は自分で考えればよいのですが、不得意な分野はその道のエキスパートを探すことで対応できます。筆者は尊敬する恩師のひとりから、**「本当のプロとは、プロを連れて来ることができる人だよ」**と聞

いたことがあります。ひとりの知識や経験、スキルには限界があり、未知の対象をすべて理解し、設計するには不十分なのです。対象を要素分解することによって、自力で対応できる構成要素と自力では対応できない構成要素に分けて考えることができるようになります。

メリット③階層ごとに情報を整理できる

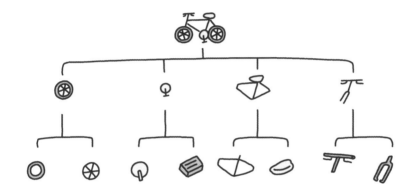

　要素分解を行う際は、図2-2（P.55）のように階層構造の図を用いて考えを整理することが一般的です。グループで開発を進めていく際も階層図を用いることで、対象についての共通認識を持つことが容易になります。例えば、自動車について議論していても、ある人はタイヤやドアなどの大きな部品を思い浮かべていて、別の人はネジやボルトなど細かい部品について考えているかもしれません。人によって思考の抽象度はバラバラで、これが揃っていない状態では議論がかみあわず、非効率になります。階層図を用いて要素分解を行うことで、互いの議論の対象、すなわち抽象度のレベルが合っているかを確認することができます。これは自分と専門分野が異なる人と議論する場合に特に重要なことです。

CHAPTER2のまとめ

　CHAPTER2 では、対象をシステムとして捉えるメリットを説明し、要素分解の仕組みや基本的な考え方を紹介しました。構成要素に分解して考えることで、対象をより体系的に正しく理解することができます。ひとりで行うよりもグループで集まって要素分解を行うことをお勧めします。

　さらに、身近な例としてハンバーガーを分解し、どのような構成要素により、どのような機能が発揮され、どのような目的の達成に貢献するかを可視化しました。

　このように順序立てて分解する考え方は、製品をよりよく理解する手助けになります。初めて製品開発に取り組む方にとっては、設計対象の基本的な構成（コンフィギュレーションと呼びます）を詳細に理解する手がかりとなります。これは設計・開発期間の短縮につながるでしょう。さらに、既存の製品等に含まれる部品や素材を新商品に転用できるかどうかもわかり、コスト削減につながる可能性があります。

　ハンバーガーのように、分析対象をよく知っている場合は、分解することによって全体像をつかむことができました。しかし、もし分析対象をよく知らない場合にはどうすればよいのでしょうか。CHAPTER3 では、未知の製品を分解した上で**イノベーションを興す方法**について、一緒に学んでいきましょう。

COLUMN ● by ［Nobuaki Minato］

1 効果的に要素分解するための思考法

　要素分解を効果的に進めるために知っておきたい思考法をふたつ紹介します。

　ひとつは、思考を広げる頭の使い方で、**発散系思考**といいます。もうひとつは、広がった思考をまとめる頭の使い方で、**収束系思考**といいます。大きく分けると思考法はこのふたつに分類することができます。前者は何も思いつかない場合に有効で、その代表的な思考法が**ブレインストーミング法**です。後者は意見をたくさん思いつきすぎて収拾がつかない場合に有効で、その代表的な思考法が**親和図法**です。

アイデアを発散させるための思考法（ブレインストーミング法）

　考えやアイデアを発散させる思考法から学びましょう。代表的なブレインストーミング（Brainstorming）は、アレックス・オズボーン（Alex F. Osborn）により考案された思考法です。

　複数人が集まって自由にアイデアを出し合い、アイデアの量を増やすことに全員が注力します。活用法は極めて簡単で、

（1）複数人が集まり、（2）テーマを決め、（3）時間を決め、（4）意見を出し合い、（5）結果を記録し、（6）整理した上で議論
します。

　アイデアを短時間で効率的に創出し、また、共有すべき情報を体系的に網羅するのに有効であるため、グループとして最初に行う作業に適しています。

　ブレインストーミング法は、アイデアの質よりも量を重視します。そのため、グループのメンバーが互いのアイデアを褒め合い、時には他のメンバーのアイデアに触発されて新しいアイデアの創造につなげていくプロセスを大切にします。グループ内で触発が生み出されることがブレインストーミングの価値といえるでしょう。他のメンバーのアイデアに乗っかって自分のアイデアを出すことは恥ではなく、むしろ、歓迎すべきことなのです。逆に、他人のアイデアに触発される機会がまったくなければ、個人のアイデア量を足し算するだけになってしまい、これは本当のブレインストーミングとは呼べません。

　図 2-7 はブレインストーミングの最中によく起こる 4 つのパターンを表現しています。グループで協力する時間であるべきなのに無言で個人がアイデアを出し続けるパターンや、グループの中の他人から出されたアイデアを即座に否定したり、なかなかアイデアを出せずにいる人を批判したりするようなパターンは、効果的なブレインストーミングとはいえません。逆に、他人から出されたアイデアに対して即座にいいね、面白いね、最高だといって共感を示すと、よいアイデアをさらに出そうとモチベーションが高まります。

　さらに、他人から出されたアイデアに乗っかって独自のアイデアを出すことができれば、ブレインストーミングは大成功といえるでしょう。

　また、グループ内で積極的な発言を促すためには、個人のプライベートな領域でアイデアを一度アウトプットしてから全体に共有する方法が効果的です。具体的には、小さな付箋にアイデアを書き出し、それを声に出して読み上げながら、グループに共有します。心理的に安全な領域を作り、全員がアイデアを出しやすい雰囲気づくりを心がけましょう。

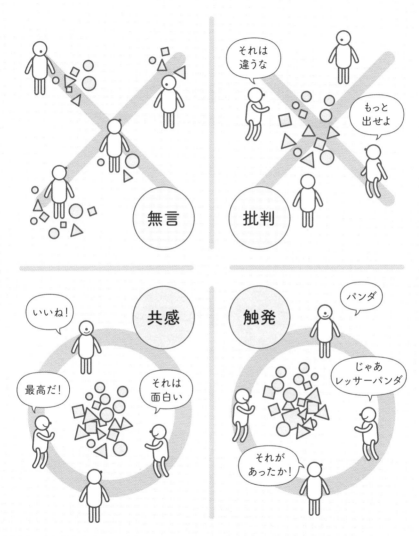

図2-7 良いブレインストーミングと悪いブレインストーミング

ブレインストーミング法の進め方

① メンバーを集める（5名以下、多様なバックグラウンドがあると望ましい）

② アイデアを出し合うテーマを決める

③ アイデアを出し合う時間を決める（1テーマあたり5〜15分程度）

④ 全員が自由にアイデアを出し合う

⑤ アイデアを記録する（付箋を使う、ホワイトボードに列挙する）

⑥ 全員でアイデアを整理し、議論する

ブレインストーミング法のルール

● 開始する前にファシリテーターを決めておく

● 決してメンバーのアイデアを批判しない

● 逆に、メンバーが提案したアイデアをとにかく褒める
（「いいね!」、「面白いね!」）

● 他人のアイデアに乗っかって、自分もアイデアを出してみる（触発プロセス）

● アイデアの量を重視し、質にはこだわらない姿勢を貫く

アイデアをまとめるための思考法（親和図法）

　考えやアイデアをまとめるための収束系思考を紹介します。代表的な親和図法（Affinity Diagram）は、情報が多くて全体の把握が難しい場合に適用します。ブレインストーミング法を行ってたくさんのアイデアが出た後に、それらをまとめるのに有効なので、ぜひ一緒に覚えてください。

　活用法は簡単で、

（1）出されたアイデア（情報）のうち類似性のあるものをひとまとめにする

（2）ひとまとめにしたグループに見出しを付ける

（3）見出しを眺めながら類似性のあるものをひとまとめにする

（4）ひとまとめにした見出しに中見出しを付ける

という手順を繰り返し行います。

　見出しを付けて情報をひとまとめにくくることで、目につく情報量を少なくすることができます。なお、見出しには異なる色の付箋を用いてまとめていくとわかりやすいでしょう（図2-8、P.74）。

　ブレインストーミング法を用いてアイデア出しを行うと、アイデアがたくさん出すぎて収拾がつかなくなることがあります。そのような場合に、親和図法を行って発散した情報を一旦収束させ、より理解がしやすい、体系的な整理を行うよう心がけてください。発散と収束を繰り返し行うことで、考えるべき対象をより深く、かつ、広く捉え、徐々に考えるべき範囲を絞り込むことができます。

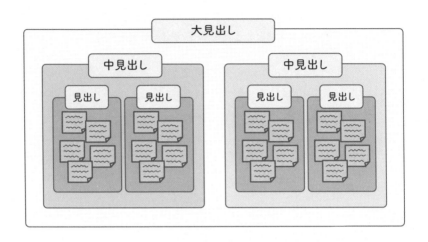

図2-8　親和図法による思考の収束

ひとりで要素分解を行う場合のポイント

　ブレインストーミング法や親和図法はグループで行うのが効果的ですが、ひとりで行うこともできます。自分の思考に新しい刺激を与えるため、以下の3つのポイントに注意して進めてください。

①思考を見える化

　ひとりでブレインストーミングを行う場合であっても、思考の結果を見える化することは大事です。小さなホワイトボードや付箋を用いて、複数人で集まって行う場合と同じように進めてください。自分自身の思考結果であっても、それらを直接眺めて俯瞰することで、新しい方向性に気づくこともあります。また、見

える化することによって、自分の思考の偏りに気づくこともできます。

②環境を変える

　いつもと同じ職場環境や家庭環境で思考を巡らせても、新しいアイデアは生まれません。場所や時間を変えて、いつもとは違う環境をあえて作り出してから、思考をスタートさせましょう。近場であればカフェやファーストフード店を使うのも手です。天気がよければ公園や自然の中でブレインストーミングを行っても新しい刺激になるでしょう。時間があれば思い切って旅に出るのも良い方法です。非日常の中で思考を巡らせながら、革新的なアイデアを創造しましょう。

③ ICT ツールを活用する

　物理的な環境にグループとして集まることが難しい場合であっても、オンライン環境で ICT ツールを駆使してブレインストーミングを行うことができます。

Zoom や Skype、Microsoft Teams などのオンライン通話環境に加えて、オンライン上でのコラボレーションを促進させる専用アプリケーションを同時に活用します。例えば、Miro はオンライン上で複数人が共有可能なホワイトボードを提供しています（無料版は利用できる機能に制約があります）。様々な ICT ツールを併用することで、ひとりで在宅勤務をしながらでも、複数のメンバーとブレインストーミングを実施することが可能です。

［Miro の詳細はこちらから］https://miro.com/index/

革新的なアイデアを生み出す「リ・デザイン思考法」

　CHAPTER2 では、商品としてハンバーガーを取り上げ、要素分解によって部品単位の要素がどのように機能を発揮し、ユーザーの目的達成に貢献しているかを分析しました。このような分解アプローチは、対象となる製品やサービスを十分に理解している場合や実際に製品を分解して部品等の種類を確認できる場合に有効です。つまり、具体的な部品等の情報からその機能や目的を推察する、ボトムアップの思考アプローチといえます。

　しかし、対象となる製品に対する知識が乏しい場合や手に取って分解できない場合には、部品レベルの構成要素を特定することは困難です。そこで CHAPTER3 では、未知の製品を頭の中で分解しながら考える場合に有効な **PFM 分解**という思考フレームワークを解説します。さらに本書の最大の目的である革新的アイデアを生み出すための思考法として、**リ・デザイン思考法**を紹介します。

新しい製品のコンセプト開発に挑む

　想像してください。みなさんは、総合家電メーカーの製品企画担当者です。

　個人用途の家電製品のコンセプトを開発し、技術者と一緒に製品化するというミッションを担っています。会社の売上は今のところ順調ですが、最近競合他社が自社製品と似たような新製品を発売し、市場での価格競争が激しくなってきました。そこで、これまでにない革新的な製品を企画し、早期に市場投入することで、ライバルに対して差別化を図りたいと考えています。

　欲しいと思う製品に関するアンケートを実施しましたが、どれも似たようなアイデアばかりで斬新さに欠ける気がしています。また、自分で試作品を作っていろいろ試してみましたが、既存の延長線上にあるような製品ばかり作ってしまいます。早期に市場投入を実現するためには、ある程度は自社の保有技術や自社製品が新製品のベースとなる必要があります。しかし、同時に革新的な製品でないと、競合他社に対して競争優位を保つことが難しそうです。そこで、知人が教えてくれた「リ・デザイン思考法」を用いて、既存製品に含まれる技術やノウハウを生かしながら、新しい製品のコンセプト開発に挑むことにしました。

イノベーションを興すための3ステップ

　リ・デザイン思考法は、**3つのステップ**で製品・サービスの新しいコンセプトを開発します。

　最初に、ステップ1として**PFM分解**と呼ぶ思考フレームワークを適用し、対象となる製品・サービスを構成要素に分解して、階層図を作成します（図3-1）。

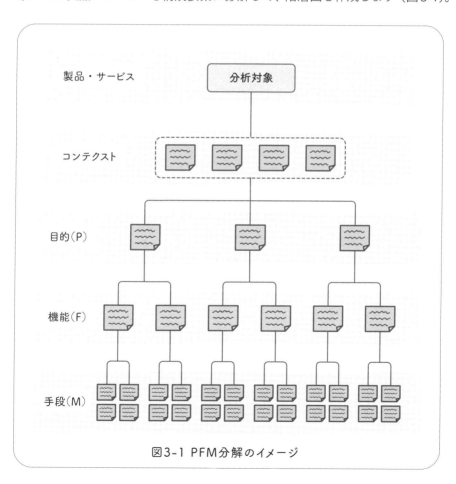

図3-1 PFM分解のイメージ

　この階層図（図 3-1、P.79）を作成するプロセスを通じて、企画担当として、製品やサービスに対する理解度を深めることができます。また、チームとして企画を考える場合においても、そのメンバー全員が製品やサービスに対する深い理解なくして、新しいコンセプトの開発はあり得ません。

　次に、ステップ 2 として**コンテクスト（Context）を刷新**します。コンテクストとは、製品やサービスを利用する際のユーザーを取り巻く環境のことです。コンテクストを設定する際は、誰が（WHO）、どこで（WHERE）、いつ（WHEN）、何を（WHAT）、という 4 つの W の要素を用いてシナリオ（Scenario）の形で定義します。ここで**シナリオグラフ法**と呼ばれる強制発想法を応用することで、新しいコンテクストを意図的に作り出します。

　最後に、ステップ 3 として**新しい製品・サービスのコンセプトを再設計**します。ここで、ステップ 1 で作成した階層図が役に立ちます。ステップ 2 で刷新した新しいコンテクストに合わせる形で、目的・機能・手段を追加または削除します。ステップ 2 〜 3 のプロセスを繰り返し行うことで、効率的かつ効果的に、新しい製品・サービスのコンセプトを創造することができます。

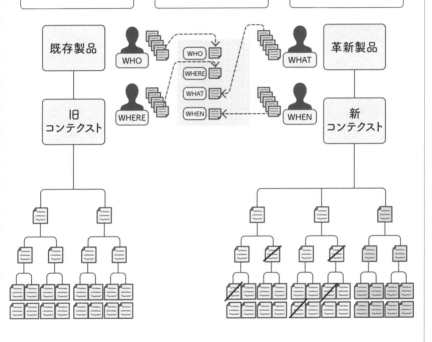

図3-2 製品・サービスのイノベーションのためのリ・デザイン思考法

3-3 ステップ1：製品・サービスのPFM分解

PFM分解とは、技術システム（製品やサービスを含む）をその構成要素に分解し、可視化することで、製品の目的や機能を抽出し、実装するために必要な具体的手段を明らかにする思考フレームワークです（Minato et al., 2019）。

目的（Purpose）―機能（Function）―手段（Means）の順に階層化して考えることを共通のルールとして採用します。

3-3-1 PFM分解の進め方

PFM分解（ステップ1）の進め方を図3-3に示します。対象となる製品・サービスを選択した上で、

コンテクストの設定→目的分解→目的の細分化
→機能分解→手段分解→全体統合（階層図の作成）

の順に進めていきます。CHAPTER2で示したハンバーガーの例では、ハンバーガーをいきなり構成要素に分解することから始めました。PFM分解は、対象をよく知らない場合でも適用できるように、最初に製品やサービスのコンテクストを設定し、コンテクストから目的を考え、目的から機能を考え、機能から手段を考えるアプローチを採用します。

そして、コンテクストを刷新することによって製品やサービスにイノベーションを興します。

ステップ1のゴールは、既存の製品・サービスを要素分解し、階層図を作成することです。 階層図を作成する対象は自社製品でもよいですし、競合他社

の製品を購入してPFM分解を行ってみるのもよいでしょう。なぜなら、競合他社の製品をより深く理解することで、自社製品との差別化の方向性を考えられるからです。敵を知り己を知れば百戦殆からずと言います。実際に競合他社の製品を分解して調査することを**リバースエンジニアリング（Reverse Engineering）**と呼びます。ひとりで、またはグループを作って製品を分解し、設計する対象を理解することから始めましょう。

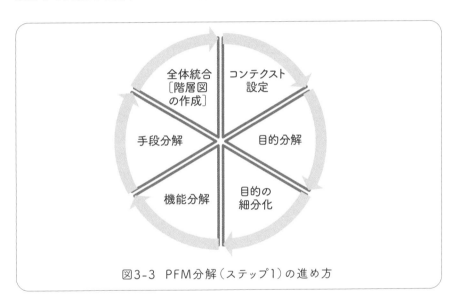

図3-3　PFM分解（ステップ1）の進め方

3-3-2　コンテクストを設定しよう

　ガラス製のコップの例（P.62）のように、機能（「液体を」＋「貯める」）が同じであってもユーザーや利用環境によって製品の使い方（水を飲む、花を生ける）が異なる場合があると前に述べました。

　このような混乱を避けるため、PFM分解を適用するにあたり最初に行うのがコンテクスト（context）の設定です。**コンテクストとは、文脈や背景、状況**

などを意味する英語ですが、**ここでは製品やサービスの利用を取り巻く環境のこと**を指します。具体的には、4W（WHO、WHERE、WHEN、WHAT）のフレームワークを用いて、誰が（WHO）、どこで（WHERE）、いつ（WHEN）、何を・何に対して（WHAT）、製品やサービスを利用するかをシナリオの形で考えます。ステップ2では、構成要素である4Wの全部または一部を変更することで、既存製品とは異なる環境での利用を構想することができます。コンテクストの設定に正解や不正解はなく、また、場面や時間に応じて変化する性質のものです。最初は一般的な利用環境を想像し、標準的なコンテクストを設定してください。

コンテクストの設定	
● 誰が（WHO）	→
● どこで（WHERE）	→
● いつ（WHEN）	→
● 何を・何に対して（WHAT）	→

　例えば、表3-1のような携帯用電動歯ブラシのPFM分解を行う場合、思いつくコンテクストの例は以下のようになります。製品のユーザーであるWHO（誰が）は企業で勤務する**会社員**です。利用場所であるWHERE（どこで）は**会社のトイレ**としました。WHEN（いつ）は様々なタイミングがあると思いますが、確実に使うのはランチの後だと考えて**お昼休み後**としました。当然歯を磨くために用いるので、WHAT（何を）は**歯**としました。

表3-1 電動歯ブラシのコンテクスト設定

WHO（誰が）	会社員
WHERE（どこで）	会社のトイレ
WHEN（いつ）	お昼休み後
WHAT（何を）	歯

3-3-3 製品やサービスの目的を考えよう

　コンテクストを設定した後は、その内容を念頭に置きつつ、製品やサービスの目的を考えます。つまり、製品やサービスを用いて一般的に「ユーザーがしたいこと」を、シンプルな動詞の形で表現します。例えば、自動車や自転車であれば「走る」、テレビであれば「観る」、椅子であれば「座る」です。コンテクストを念頭に置くのは、論理的に一貫した分解を行うためです。シンプルに表現するのは、製品やサービスの本質的な目的を表現するためです。

　自動車の場合、走る目的は人によって様々です。楽しむために自動車に乗る人もいれば、荷物を運ぶために自動車に乗る人もいます。スポーツカーに求められる機能とトラックに求められる機能は当然異なります。

　人によって走る目的や観る目的、座る目的は様々だと思いますが、それはこの段階では考えずに、どのような人にも共通する、元来の目的を記述します。

　抽出する目的の数はひとつでも複数でも構いません。シンプルな製品やサービスの場合は目的をひとつに定められることが多いですが、複雑な製品やサービスの場合には当然複数の目的を記載することになるでしょう。消しゴム付きの鉛筆のように極めてシンプルな製品であっても、「書く」と「消す」のふた

つの目的を持つ製品もあります。書くための機能と消すための機能は異なるので、目的に応じて機能を考える必要があります。このような製品のことを多目的製品と呼びます。

　一方、「書く」というひとつの目的のためにシャープペンシルとボールペンのふたつが組み合わさった製品もあります。このような製品をハイブリッド製品と呼びます。ちなみに、ロケットもハイブリッド製品です。宇宙に人工衛星を運ぶという目的を達成するために、推力を生み出すエンジンとして液体燃料エンジン（液体水素と液体酸素の混合）と固体燃料エンジンを両方搭載しているからです（日本を代表するH-IIAロケットやH-IIBロケットの場合）。

　電動歯ブラシの例で目的を考えてみましょう。最近の電動歯ブラシは歯だけでなく舌を磨く機能もあり、多目的と捉えることも可能ですが、ここでは分解を簡略化するために単一目的の製品として捉えて**「汚れを除去する」**と設定することにします（図3-4）。

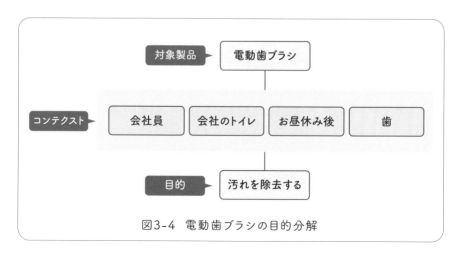

図3-4　電動歯ブラシの目的分解

3-3-4 目的を細分化しよう

　次は目的の細分化を行います。**細分化とは、目的をさらに分解していくこと**です。具体的には、抽出した目的について、「どのように目的を達成したいのか」という視点から修飾語（副詞など）を用いて具体的に表現します。例えば、自動車の「走る」であればどのように走りたいかを考えます。早く走りたい、安全に走りたい、環境にやさしく走りたいなどの修飾をすることが可能だと思います。この時、**必ず念頭に置いてほしいのが最初に設定したコンテクスト**です。誰が、どこで、いつ、何を、という設定を踏まえた相応しい修飾語を想像してください。

　グループで細分化の作業をする場合は、ブレインストーミング法（P.69）を使うとよいでしょう。ブレインストーミング法によってたくさんの修飾語が出すぎてしまったら、親和図法を用いて収束させましょう。例えば、「楽に」、「疲れずに」、「気持ちよく」、「やさしく」などがブレインストーミングで出た場合、親和図法を適用して、「快適に」という言葉でまとめることができます。細分化された目的が複数ある場合、番号や記号を付けて管理すると、分解した結果をグループで共有し、議論しやすくなります。

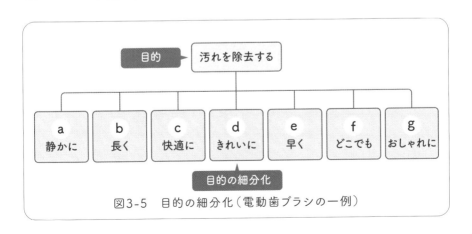

図3-5　目的の細分化（電動歯ブラシの一例）

3-3-5 機能を考えよう

　目的を細分化できたら、細分化された目的を達成するための機能を考えます。

　機能とは、製品やサービスが有する「作用、役割、はたらき」のことです。製品やサービスができなければならないことを文章で具体的に表現します。「〜すること」、「〜であること」、「〜できること」、あるいは、「〜しないこと」、「〜でないこと」、「〜できないこと」などの文章を記述してください。

　電動歯ブラシの例で考えましょう。「a.静かに（汚れを除去する）」ためには、製品自体の**モータ音が小さいこと**が必要です。「b.長く（汚れを除去する）」ためには、製品自体の**内部に水が入らないこと**、さらに、消耗品である**ブラシが交換可能なこと**が必要です。「c.快適に（汚れを除去する）」ためには、**ブラシが清潔**であり、硬さを選べて、さらに、使用中に**感電の恐れがないこと**が必要です。「d.きれいに（汚れを除去する）」ためには、**ブラシが届きにくい歯も磨くこと**ができ、また、歯だけでなく**舌も磨くこと**ができたほうがいいでしょう。口臭の大部分は舌の雑菌が原因といわれています。忙しいときに「e.早く（汚れを除去する）」ためには、**一度に磨ける範囲が広いこと**、そして、磨きたいときに**すぐに電源が入って使えること**が重要です。場所を選ばず「f.どこでも（汚れを除去する）」ためには、製品が**携帯可能なサイズ及び重量**でなければなりません。最後に「g.おしゃれに（汚れを除去する）」というユーザーの要望を叶えるためには、製品外観が**デザイン性に優れている**必要があります。

　このように、設定したコンテクストを踏まえて、細分化された目的を達成するためには製品やサービスにどのような機能が必要かを考え、箇条書きで記述します。分解する製品についてよく理解している場合には、工学的尺度（〇〇

機能、〇〇性、〇〇度、〇〇化など）の表現を用いて機能を記述しても構いません。例えば、静かなことは静粛性、水が入らないことは防水性と表現できますし、操作が必要ないことは自動化、軽いことは軽量化などと表現できます。

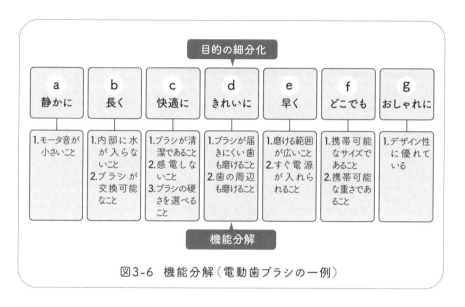

図3-6 機能分解（電動歯ブラシの一例）

3-3-6 手段を考えよう

　機能を抽出できたら、それぞれの機能を発揮する手段を考えます。機能を実現するための具体的な方法を、素材、部品、技能などを用いて表現しましょう。

　この時、実際に製品を分解できればベストですが、高額で分解するのが勿体ない場合には、頭の中で想像しながら分解し、結果を可視化すれば十分です。素材、部品、技能がどの機能を発揮するために存在しているかを考え、機能分解の結果との整合を図りながら、図3-7（P.90）のような階層図を作成します。この時も番号や記号を付けて管理すると、分解した結果をグループで共有し、議論しやすくなります。

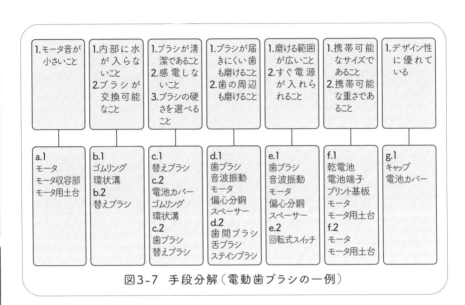

図3-7　手段分解（電動歯ブラシの一例）

　再び電動歯ブラシの例で考えましょう。モータ音が小さいこと、すなわち、静粛性という機能は、**モータ**、**モータ収容部**、**モータ用土台**によって発揮されます。内部に水が入らないこと、すなわち、防水性という機能は**ゴムリング**と**環状溝**によって発揮されます。また、ブラシが交換可能であることやブラシが清潔であることは、**替えブラシ**によって実現しています。感電しないことには、**電池カバー**や**ゴムリング**、**環状溝**が関係しています。このように、機能分解の結果と手段分解の結果とのつながりを考慮しながら、階層図を作り上げます。部品や素材等と対応していない機能があれば削除し、不足している機能があれば追加しましょう。実際に製品を分解しながら考えることにより、漏れなく、ダブリなく、機能分解と手段分解とを接続することができます。

3-3-7 全体を統合して可視化しよう

　最後に、PFM分解により得られた結果をまとめます。図3-8（P.92）に示すような階層構造で表現するとよいでしょう。

　分解した内容に抜けや漏れがないか、また、目的─機能─手段が整合性を保ってつながっているか、表現はわかりやすいかを確認しましょう。PFM分解は、分解を行うことが目的ではなく、分解した結果を活用することが目的です。専門用語は避けて誰でも理解できる階層図の作成を心がけてください。

　PFM分解は、未知の製品やサービスであっても、目的分解─機能分解─手段分解の順に上から下に向かってトップダウンで分解していくことで、その全体像を可視化し、理解することを助けてくれます。企業においては新入社員や新しく部署に異動してきた社員等に向けて自社製品の理解を促進させる目的のワークショップで活用できます。また、競合他社の製品を概念レベルでPFM分解し、リバースエンジニアリングすることで、その設計思想を把握できます。

　様々な場面でPFM分解の思考フレームを活用してください。

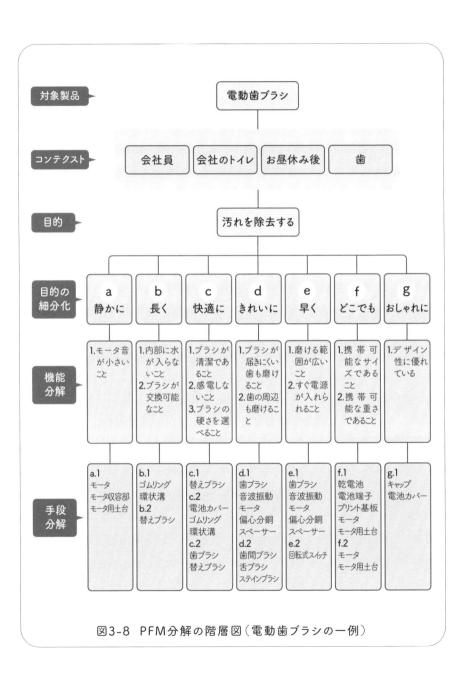

図3-8　PFM分解の階層図（電動歯ブラシの一例）

3-4　ステップ2：新たなターゲットを想定する

　リ・デザイン思考法を用いて製品やサービスにイノベーションを興すための鍵になるのが、**コンテクストの刷新**です。コンテクストは、シナリオとして仮に設定した4Wの要素の組み合わせによって自由に変更可能です。しかし、既存の延長線上にはない革新的なコンセプトを開発するためには、従来にないような利用環境を、新しいコンテクストとして設定する工夫が必要です。

　そのために**シナリオグラフ法（Scenario Graph）**という手法を効果的に活用します。シナリオグラフ法は、発散系思考と収束系思考を上手く組み合わせた思考法で、強制的にアイデア創造の出発点を作り出すことができます。技術や製品等の利用シナリオを可能な限り数多く創出したい場合に有効といわれています（石井・飯野、2008）。

　シナリオグラフ法では、図3-9（P.94）のように製品やサービスのコア機能を抽出し、誰が（WHO）、どこで（WHERE）、何を（WHAT）、いつ（WHEN）の4要素について、ブレインストーミングを行います。4要素それぞれに十分な数が抽出できたら、次は要素を組み合わせて効率的に多くのシナリオを創造します。ここでのシナリオとは、製品を、誰が、どこで、いつ、何をするために使うか、という利用環境の可能性のことを意味します。当然、あり得ない組み合わせもありますが、図3-10（P.95）のように整理した結果をグループ全員で眺めながら面白いシナリオを発見するように努めてください。ブレインストーミングの過程で思考を十分に発散させ、各要素を多様にしておかないと、創造的なシナリオは生まれにくいので気を付けましょう。

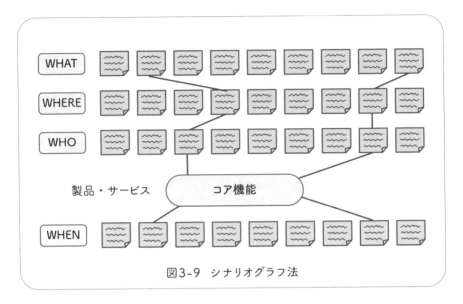

図3-9　シナリオグラフ法

　面白いコンテクスト設定がなかなか見つからない場合には、偶然性を使った強制発想法が有効です。

　まず、4人1組を作ります。次に、誰が（WHO）、どこで（WHERE）、何を（WHAT）、いつ（WHEN）の担当者をそれぞれ決めます。各担当者は、受け持つ要素の付箋を集めて手札のように持ちます。そして、掛け声と同時に手札から1枚を出します。すると、ひとつの組み合わせ（＝ひとつのシナリオ）ができ上がっているはずです。

　この新しいシナリオをグループで議論し、革新的かつ実現可能なものを残し、コンテクストとして利用します。

　最初に4Wそれぞれできるだけ多くの要素を出してほしいといったのは、この強制発想を継続して行うためです。トランプのカードのように次々と付箋を出して、面白い組み合わせが発見できるまで続けましょう。運がよければこれまでに考えたことがないような新しいシナリオに出合えるはずです。この発想

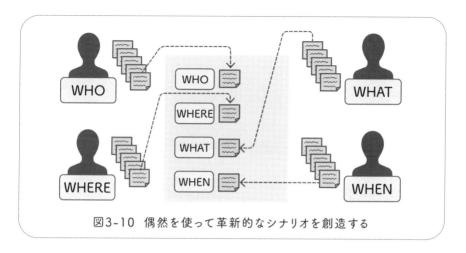

図3-10　偶然を使って革新的なシナリオを創造する

法は非常に盛り上がることが経験的にわかっています。グループが打ち解ける
ために、最初にアイスブレイクとして使うのも効果的です。

　電動歯ブラシの例にこの強制発想法を応用したものが図 3-11（P.96）です。
旧コンテクストは、WHO（誰が）は会社員、WHERE（どこで）は会社のトイ
レ、WHEN（いつ）はお昼休み後、WHAT（何を）は歯、でした。これは電動
歯ブラシの利用場面としては標準的なものでしょう。シナリオグラフ法を用い
て、代替のコンテクストとなり得るシナリオの要素を列挙しました。

　WHAT は水槽、机、野菜、道路などを思いつくことができました。WHERE
は大阪ドーム、城、図書館、キッチンなどを抽出しました。WHO は警察官、主
婦、写真家、学生などを抽出しました。WHEN は夕方、雨天、就寝中、入浴
中などを抽出しました。これらはすべて正解や不正解はないので、ブレインス
トーミング法を用いて、可能な限り多くの要素を抽出することが大事です。

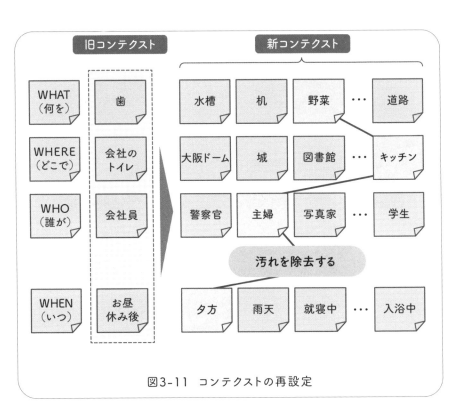

図3-11 コンテクストの再設定

表3-2 コンテクストの再設定

	旧コンテクスト	新コンテクスト
WHO（誰が）	会社員	主婦
WHERE（どこで）	会社のトイレ	キッチン
WHEN（いつ）	お昼休み後	夕方
WHAT（何を）	歯	野菜

　十分なシナリオの要素を列挙できたら、全体を俯瞰しながら、面白いと感じるシナリオの組み合わせを見つけましょう。この作業はひとりで行っても構いませんし、グループで行っても構いません。良い組み合わせがなかなか発見できない場合には、偶然を上手く使った強制発想法を実行してみてください。何回か繰り返せば、必ず良いシナリオの組み合わせに巡り合うことができるでしょう。対象となる製品やサービスについて、既存の延長線上にはない、これまで考えてもみなかった新しい利用場面を想像できるかどうかが、イノベーションの鍵になります。

　今回は新しいコンテクストとして、WHO を会社員から**主婦**に、WHERE を会社のトイレから**キッチン**へ、WHEN をお昼休み後から**夕方**へ、そして、WHAT を歯から**野菜**へと変更することにします（表3-2）。これから先は、新しいコンテクストに従って製品のコンセプトを革新していきます。

3-5　**ステップ3：新しいコンテクストに合わせて目的―機能―手段を刷新する**

　それでは、電動歯ブラシを革新していきましょう。ステップ2で選択した新しいコンテクストを眺めてください。これが新しい製品コンセプトのベースになります。ここからストーリーラインを作ります。

　ストーリーラインとは、製品やサービスのユーザーを想定し、その悩みを特定した上で、具体的な解決方法を文章として表現したものです。具体的には、**①誰の（User）、②どのような悩みを（Issue）、③どのような方法で解決するか（Solution）**の組み合わせとして文章化します。

> **ストーリーラインの3要素**

- 誰の（User）
- どのような悩みを（Issue）
- どのような方法で解決するか（Solution）

　新しいコンテクストでは、User は自動的に主婦で決まりますね。Issue は少し創造力を働かせて考える必要があります。主婦が、夕方に、キッチンで、野菜を扱うときに、どのような悩みを抱えているかを考えましょう。野菜が腐っているかもしれませんし、野菜が足りないのかもしれません。

　私はフランスに住んでいたことがあるのですが、現地の家庭に野菜を洗うための専用の洗剤が置いてあるのを見て驚いた経験があります。なぜ必要なのかを聞いたところ、フランスでは農薬を使って育てた野菜をそのまま出荷することが多いので、家庭で食べる前にしっかりと野菜を洗う必要があるのだそうです。日本ではすぐに調理できるように洗浄され、余計な部分がカットされた清潔な野菜をスーパーで購入することができるので、ある意味カルチャーショックでした。このような経験を踏まえて、今回は次のようにストーリーラインを設定することにしました。

- 誰の（User）　⟶　主婦の
- どのような悩みを（Issue）　⟶　野菜に農薬が付着しているかもという不安を
- どのような方法で解決するか（Solution）　⟶　電動ブラシで磨くことで解決する

　それでは、いよいよ製品にイノベーションを興していきます。最初に、目的

を刷新します。

　以前の電動歯ブラシの目的は「汚れを除去する」と設定しました。汚れの対象は歯に付着した食べかすや歯垢です。今回は農薬が対象なので具体的に「農薬等を除去する」としました。「等」を付けたのは、農薬だけでなく泥汚れなども対象になると考えたためです。さらに、もし複数の目的が考えられる場合には、不必要な目的を削除すると同時に、新しいコンテクストに必要な目的をこの段階で追加します（図3-12）。

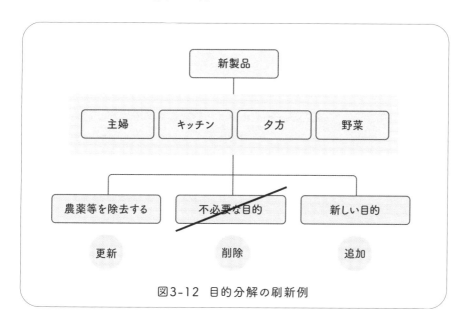

図3-12　目的分解の刷新例

　次に、目的の細部化を行います。目的の細分化は、目的の修飾語（副詞など）を考えることでした。

　農薬等を除去するという目的を果たす際、ユーザーである主婦はどのようなことを望むでしょうか。ここでも階層図を用いて刷新を考えます。

　電動歯ブラシの例では、静かに、長く、快適に、きれいに、早く、どこでも、おしゃれに、という細分化を行いました。このうち、キッチンは家庭のプライベート空間なので「静かに」というのはあまり気にしなくてよいかもしれません。キッチンにはミキサーやフードカッターなど、かなり音が出る器具が多くあります。よって、「静かに」を削除することを考えます。

　また、キッチン以外に携帯して使うことは考えにくいので「どこでも」という修飾語も削除できそうです。今回のコンテクストはキッチンを対象にしていますが、もしキャンプ場などが対象であれば、携帯性は削除すべきではないと判断できます。コンテクストの設定が重要なのはこのためです。

　では、追加すべき要素はないでしょうか？　主婦が野菜の農薬等を気にして使うものですから、やはり安心を与えるような製品であることは必要だと思います。そこで、目的の細分化として、**「安心に」**という新しい要素を追加しました。その他、追加した目的がある場合には、その追加した目的に対して細分化を考えていきましょう。目的ごとにその細分化が必要です。図 3-13 が刷新の例です。

　電動歯ブラシに関して抽出した、長く、快適に、きれいに、早く、という要素は野菜用のブラシでも共通だと思われるので、残しておきます。一度分解して考えた製品の仕様や構成をそのまま再利用できるのも、リ・デザイン思考法の優れている点です。

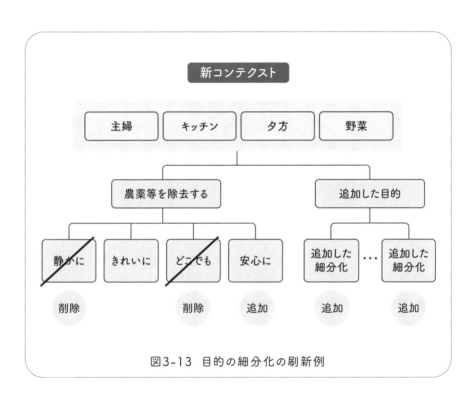

図3-13 目的の細分化の刷新例

　目的分解と目的の細分化の刷新が終わったら、今度は機能分解の刷新です。この段階では、すでに削除された目的については考えないことにします。つまり、**一度削除した目的や細分化した目的については、以降は原則として考えないことで、コンセプト設計に要する時間の短縮化を実現**できます。従って、元の階層図から、「静かに」と「どこでも」、「おしゃれに」に関する機能は削除します。

　一方、「きれいに」を実現するための機能については、新しいコンテクストに従って更新をしなければなりません。**野菜を傷つけないこと、農薬等を取り除けること**、そして、**様々な形に対応できること**などが考えられます。続いて、新しく追加した「安心に」を実現するために必要な機能も考える必要があります。ここでは、主婦が安心して野菜を調理するためには、**農薬等を検知する機能**が必要と考えて追加しました。その他、追加した目的や細分化した目的があれば、それぞれについて必要な機能を追加して記述します。図 3-14 が機能分解の刷新の例です。

　最後は手段分解の刷新です。削除した機能については、それを発揮する手段も必要ないと考えられるため、機能分解の刷新と同様に考えないでおきます。そうすることで、コンセプト設計の時間を短縮します。

　一方、更新した機能や追加した機能があれば、新しく手段を考えなくてはいけません。野菜を傷つけないためには、歯ブラシのようなナイロン製の硬い素材ではなく、**もう少し柔らかい野菜専用のブラシ**を開発する必要がありそうです。また、農薬等を取り除くということは、素材自体に**農薬等への耐性**が必要です。様々な形をした野菜に対応するためには、ブラシの形状が一定ではなく、

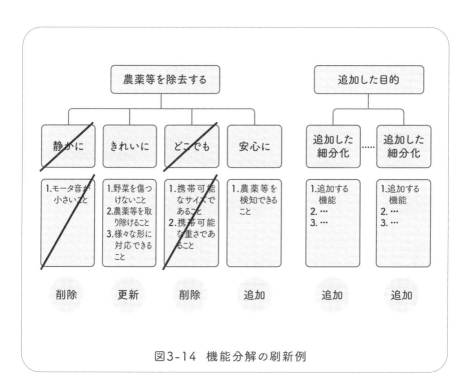

図3-14 機能分解の刷新例

可変であることが求められます。また、農薬等を検知するための技術として、**農薬センサーの搭載**や**紫外線ライト**の活用なども考えられそうです。

このように、機能の更新や追加、及び削除に従って、新しく手段を考え、階層図を刷新します。最終的に刷新したすべての結果をまとめ直したものが、図3-15（P.104）です。

このように**「農薬除去のための電動ブラシ」**という新しい製品コンセプトを、電動歯ブラシを分解し、その階層図を上手く再利用することによって、短期間で設計することに成功しました。

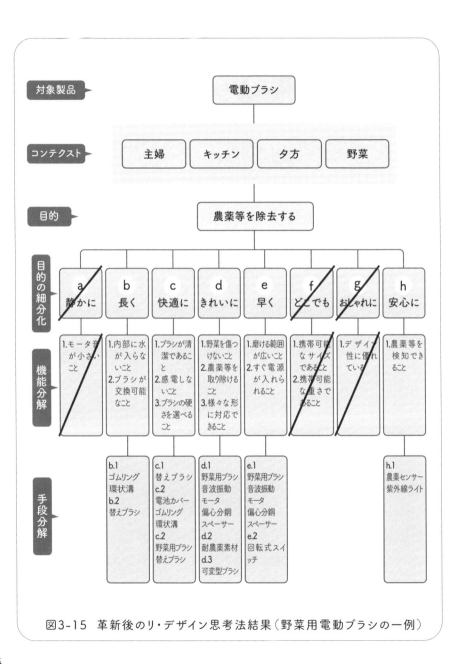

対象製品 — 電動ブラシ

コンテクスト — 主婦 ／ キッチン ／ 夕方 ／ 野菜

目的 — 農薬等を除去する

目的の細分化

a 静かに	b 長く	c 快適に	d きれいに	e 早く	f どこでも	g おしゃれに	h 安心に

機能分解

1.モータ音が小さいこと	1.内部に水が入らないこと 2.ブラシが交換可能なこと	1.ブラシが清潔であること 2.感電しないこと 3.ブラシの硬さを選べること	1.野菜を傷つけないこと 2.農薬等を取り除けること 3.様々な形に対応できること	1.磨ける範囲が広いこと 2.すぐ電源が入れられること	1.携帯可能なサイズであること 2.携帯可能な重さであること	1.デザイン性に優れていること	1.農薬等を検知できること

手段分解

	b.1 ゴムリング環状溝 b.2 替えブラシ	c.1 替えブラシ c.2 電池カバーゴムリング環状溝 c.2 野菜用ブラシ替えブラシ	d.1 野菜用ブラシ音波振動モータ偏心分銅スペーサー d.2 耐農薬素材 d.3 可変型ブラシ	e.1 野菜用ブラシ音波振動モータ偏心分銅スペーサー e.2 回転式スイッチ			h.1 農薬センサー紫外線ライト

図3-15　革新後のリ・デザイン思考法結果（野菜用電動ブラシの一例）

3-6　新しいコンセプトを描く

　新コンテクストに従って新しい階層図を作成した後は、それをもとにして新製品のコンセプトを具体的な絵や文字で表現してみましょう。絵は手描きのスケッチで構いません。図3-16の例のように、コンテクスト、ストーリーライン、イメージ図の3点でまとめるとよいでしょう。

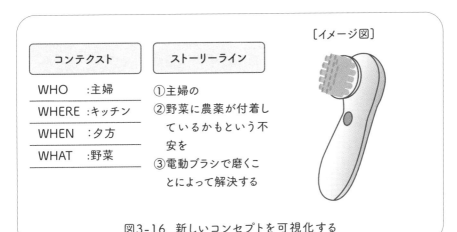

コンテクスト	ストーリーライン
WHO　：主婦	①主婦の
WHERE ：キッチン	②野菜に農薬が付着しているかもという不安を
WHEN　：夕方	③電動ブラシで磨くことによって解決する
WHAT　：野菜	

[イメージ図]

図3-16　新しいコンセプトを可視化する

CHAPTER3のまとめ

　CHAPTER3 では、新しい製品やサービスのコンセプト開発を目的とした
リ・デザイン思考法を紹介しました。電動歯ブラシの例は理解できたでしょ
うか？　最初はシンプルな製品の分解に挑戦して、徐々に複雑な製品の分解
に慣れていきましょう。繰り返し行うことで分解するテクニックやコツがわか
ってきます。

　どんなモノづくり企業も自社の製品を保有し、次なる新製品を開発するこ
とを日々求められます。また、ライバル社の製品に対してどのような差別化
を図るかで頭を悩ませていることでしょう。

　新しいコンセプトの開発を目的とした手法はいくつも提案されていますが、
製品理解を促し、既存の製品を分解してまったく別の製品アイデアを発想す
るというアプローチが、リ・デザイン思考法の最大の特長といえます。**３ス
テップに従って"誰でも"、"簡単"に新しいアイデアを作り出すことがで
き、かつ、実現可能性の高いコンセプトをアウトプットできる手法**として、
自信を持っておすすめできます。

　CHAPTER4 では、企業がどのようにリ・デザイン思考法を活用している
か、具体的な実践例を交えて紹介したいと思います。

リ・デザイン思考法を活用した
イノベーション事例

　これまでに、リ・デザイン思考法のもとになった宇宙開発の事例、そして、理論的背景となるシステムの考え方、分解の進め方、さらに、リ・デザイン思考法を製品やサービスのイノベーションにどのように活用するかを解説しました。

　本章では3つの企業における実践例を交えて、リ・デザイン思考法がどのように活用できるかを具体的に紹介します。はじめに、もうすぐ創業 100 年を迎える伝統的な企業におけるモノづくりイノベーションの事例、次に、イノベーションが起こりにくい技術特化型の製造企業において保有技術の掘り起こしに成功した事例、最後に、海外の現地採用スタッフを巻き込みながら現地向けの新製品コンセプトの開発に適用した事例を紹介します。

4-1　伝統的な企業のモノづくりイノベーション（シヤチハタ社）

　シヤチハタ株式会社（以下、シヤチハタ社）は、創業1925年、朱肉のいらないスタンプで有名な、名古屋のモノづくり企業です。日本ではその名を知らない人はいないシヤチハタ印を中心にスタンプ、文具等を製造販売しています。シヤチハタといえば本体にインクを内蔵したあの黒い印鑑（内部のインクが徐々に印面に浸透するので浸透印といいます）を思い浮かべる方が多いと思いますが、正式な製品名は「Xスタンパーネーム9」で、シヤチハタは企業名であることは意外と知られていません。名古屋の象徴のひとつである鯱（しゃちほこ）を旗に入れたロゴを使用したことから、後年になってシヤチハタの名称が誕生しました（ちなみに、シャチハタではなく「シヤチハタ」が正式社名です）。

4-1-1　企業が抱えるイシュー

　シヤチハタ社は、スタンプ製品に関して国内市場シェアトップを誇り、長らく製品ラインはスタンプ関連製品（スタンプ、インク）及び文房具が中心でした。中核となるコア技術として、毛細管現象を応用して微量の液体を制御し、適量のインクを適切な場所に塗布する高い技術力を有しています。また、日本のあらゆる姓名に対応する印鑑製品を顧客の注文に応じて個別生産する、カスタマイズ生産技術を有しています。例えば、ワタナベという同じ読み仮名の姓であっても、漢字では渡辺、渡部、渡邊、渡邉など、微妙な違いにも対応できなくてはなりません。加えて、極めて少数しかいない姓も存在します。このような少量かつ個別生産に対する低コストでの対応能力が同社の強みのひとつです。

　しかし、同社には逆風が吹いています。ひとつは電子決裁化の流れ、そして、もうひとつは、新型コロナウイルス感染症の流行に伴う在宅勤務の流れです。前者に関しては、シヤチハタ社は以前からペーパーレス化、オンライン決裁への対応を戦略的に進めており、電子決裁システムや電子印鑑の開発等を進め、クラウド型サービスとしてすでに提供しています。

　問題は後者で、予測できない突発的事象により世の中で押印廃止の動きが一気に進んだことにより、将来的なハンコ市場縮小がさらに加速することが明らかになってきました。

　このような背景から、**同社は保有技術を活用した新事業領域の開拓**を戦略的に進めることを求められています。そこで、新製品・新サービスの開発を先導できる人材を社内で育成するため、同社のMOT（Management of Technology）研修の一部としてリ・デザイン思考法を取り入れています。

　本書では、同社製品にリ・デザイン思考法のステップ1（P.82）、PFM分解での階層図を、許可が得られた範囲内で筆者が再現して紹介します。

4-1-2 PFM分解の適用

スタンパーネーム9の内部構造　画像出典：シヤチハタ社

　自社製品の構成及び要素技術の把握に効果的なPFM分解は、社内保有技術の棚卸を目的として、代表的商品である「Xスタンパーネーム9」に適用されました。同商品は朱肉を付けなくても押印でき、かつ、定期的にインクの補充さえすれば何度でも繰り返し使えることが最大の特長です。PFM分解のプロセスに従って、コンテクストの設定、目的分解、目的の細分化、機能分解、手段分解と進めます。その結果の一例を図4-1（P.112）に示します（分解の結果は人によって多少異なるため、あくまで一例と考えてください）。

　コンテクストは標準的な利用環境を想定し、**「会社員が」**、**「オフィスで」**、**「就業中に」**、**「書類に」**、と設定しました。そして、目的はシンプルに「押印する」としました。目的の細分化では、コンテクストで設定した会社員の視点に立ち、どのように押印をしたいかを具体的に想像します。

　忙しいので**「a.素早く」**押印したい、間違いがないように**「b.正確に」**押印

したい、一日に何度も書類が回ってくるので**「c.繰り返し」**押印したい、朱肉は目立つので**「d.汚れずに」**押印したい、場合によっては外出先での承認もあるので**「e.どこでも」**押印したい、このように細分化することができました。

　細分化した後は、機能を抽出します。

「a.素早く（押印する）」ためには**「インクが印面に自動で塗布されること」**が必要、「b.正確に（押印する）」ために**「印面が変形しないこと」**、**「インクが滲まないこと」**が必要、そして、「c.繰り返し（押印する）」ためには**「インクが補充可能なこと」**が必要です。さらに、「d.汚れずに（押印する）」ためには**「手が汚れないこと」**、**「書類他が汚れないこと」**が必要で、また「e.どこでも（押印する）」ためには**「携帯可能なサイズであること」**、**「携帯可能な重さであること」**が必要と考えられます。

　最後は、製品を構成する要素と機能との結び付けを行います。Ｘスタンパーネーム９は印鑑本体とそれ以外（筐体）に分けられます。印鑑本体は、**印面**、**受金**、**カートリッジ**、**スポンジ**、**スプリング**に分けられます。それ以外の筐体は、**キャップ**と**ホルダー**に分けられます。これが大まかな構成要素になります。

　これらを手段と見なし、どのような機能を発揮しているかを考えて、最終的に階層図を作成したものが図4-1（P.112）です。

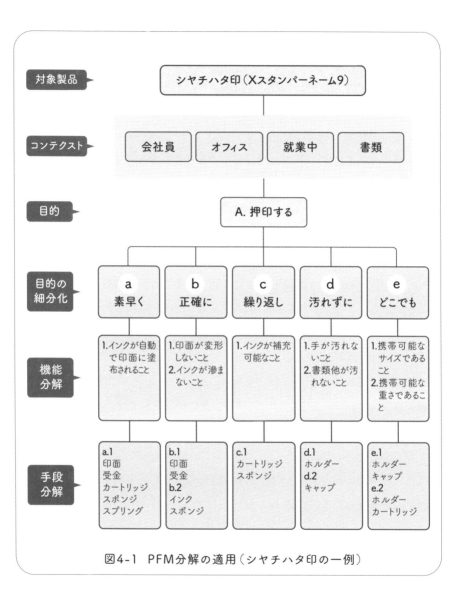

図4-1　PFM分解の適用（シヤチハタ印の一例）

　参考までに、CHAPTER2 のハンバーガーの例と同じように、部品から目的を考えるアプローチ（ボトムアップ）で分解するとどうなるでしょうか？

　まず、製品を構成要素に分解します。そして、構成要素から機能を考えます。以下のように、わかりやすく箇条書きにしました。さらに、機能によって達成される目的を考えます。

　多少表現の違いはありますが、結果として同じような階層図を作成可能なことがわかると思います（図 4-2、P.114）。

構成要素	機能
● 印鑑本体	
・印面 →	印影を保持する、印影を転写する
・受金 →	印面を固定する
・カートリッジ →	インクを保持する、インクを補充する
・スポンジ →	（印面に）インクを浸透させる
・スプリング →	反発力を与える
● それ以外（筐体）	
・キャップ →	乾燥を防ぐ、汚れを防ぐ、持ち運ぶ
・ホルダー →	手に持つ、汚れを防ぐ、持ち運ぶ

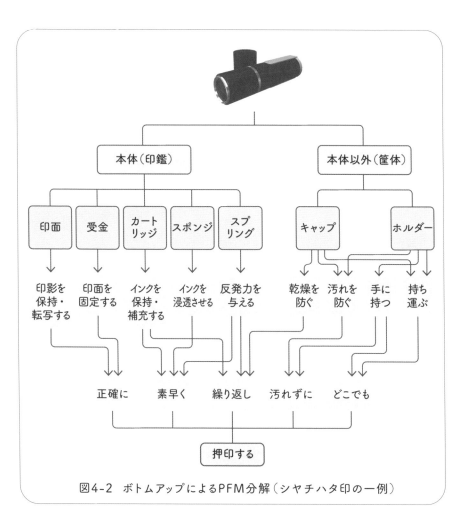

図4-2　ボトムアップによるPFM分解（シヤチハタ印の一例）

4-2　技術専門企業における保有技術の応用展開（中北製作所）

　株式会社中北製作所（以下、中北製作所）は、1930年に創立された、大阪を拠点とした船舶用機器の製造・販売企業です。船舶向けのバルブを提供する他、原子力、火力、水力発電所、化学プラントにも流体制御機器を提供しています。また、宇宙産業においても、JAXA種子島宇宙センターの設備にバルブを供給し、JAXAから表彰された実績があります。

　同社の製品ライフサイクルは長期にわたっており、短くても10年、長ければ20年に及びます。製品導入にあたっては過去の実績が重視され、一度採用されると長期間高いシェアを維持できる傾向にあります。従って、顧客との密接な関係を維持する限り、既存事業領域の延長線上での製品開発は特段問題を抱えていません。

　国内市場トップシェアを誇り、現在は売上高が安定している中北製作所ですが、一方で船舶用製品のライフサイクルの変化、海外競合企業の国内市場参入、化石燃料資源の衰退を受け、長期的な市場縮小を見越して新しい事業の柱を探索する必要に迫られていました。すなわち、既存事業領域の延長線上ではない新製品の開発なのですが、その経験もノウハウも社内にはほぼありませんでした。そこで、リ・デザイン思考法を採用して、社内エンジニアが中心となって新製品のコンセプトを開発するワークショップを行いました。

4-2-1 企業が抱えるイシュー

　企業が新規事業を創出するためには、コア技術と異なる新たな技術領域での技術探索を行うことが有効な方策のひとつであるといわれています（Burgelman, 1994）。

　社内に数多くの事業領域と技術を保有する大企業とは異なり、中北製作所のような単一の事業領域のみで活動する企業は、新事業創出につながる新しい技術を社内で発見することは容易ではありません。また、担当する製品が異なれば専門性や技術知識が異なるのが普通です。意図して担当外の自社製品への理解を徹底的に深めない限り、転用可能な要素技術を自社製品から抽出することはできません。専門化・分業化が進んだ組織においては、自社内の保有技術を体系的に理解する手段が必要です。

　また、新しい技術を獲得する手段としては、研究開発による新技術創出の他、M＆Aなどによる他社技術の導入、オープンイノベーションによる他社との協業が挙げられます。他社との協業を探索するためには、担当者が自社技術を網羅的に把握しておく必要があります。加えて、効率よく協業候補を絞り込むためには、他社が保有する技術を可能な範囲で調査し、理解しておく必要があります。

　このような課題に対し、他社の技術を調査する手段としては、新聞、専門誌、Webサイト、技術論文、特許文献など、公開情報を入手するか、あるいは、研究会、交流会、展示会などに参加して直接ヒアリングするしかありません。加えて、それ以上の情報を取得するには秘密保持契約が必要になるでしょう。さらに、技術探索のために自社の技術をオープンにすることは、自社の研究開発

動向を他社に知られるリスクを高めます。

このような背景から、**秘密保持契約を締結する前の段階で、他社の技術を簡易的に調査し、理解できる手法**が必要でした。

4-2-2 どのようにリ・デザイン思考法を応用したか

同社の主力製品である「船舶用流体制御装置」にリ・デザイン思考法を適用しました。船舶用の流体制御装置とは、船舶の重油を一定の粘度値に制御するための装置です。

ワークショップでは、分析対象製品を主担当としない機械設計技術者2名、流体解析技術者1名、ソフトウェア技術者1名と製品担当者1名の計5名のグループを作り、リ・デザイン思考法のステップ1からステップ3までを実施しました。

中北製作所におけるリ・デザイン思考法の適用の様子（出典：中北製作所）

ステップ1では、実際の製品を分解し、目的・機能・手段まで俯瞰的に可視化しました（図4-3、P.118）。

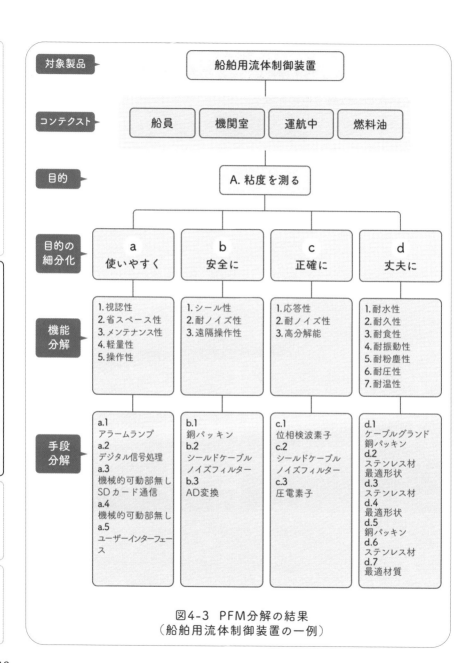

図4-3 PFM分解の結果
（船舶用流体制御装置の一例）

　ステップ2では保有技術の延長線上にはない新しい製品コンセプトのアイデアを得るために、シナリオグラフ法を応用してコンテクストを刷新・選択しました（図4-4）。

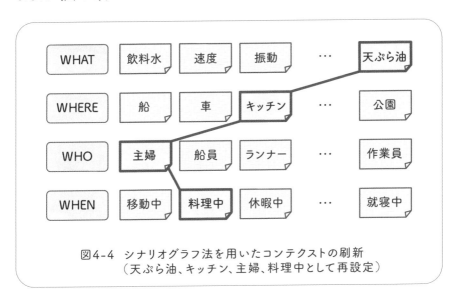

図4-4　シナリオグラフ法を用いたコンテクストの刷新
（天ぷら油、キッチン、主婦、料理中として再設定）

　ステップ3では、新しいコンテクストに基づいて、新製品に必要とされる目的・機能・手段を追加し、不必要な目的・機能・手段を削除しました（図4-5、P.120）。

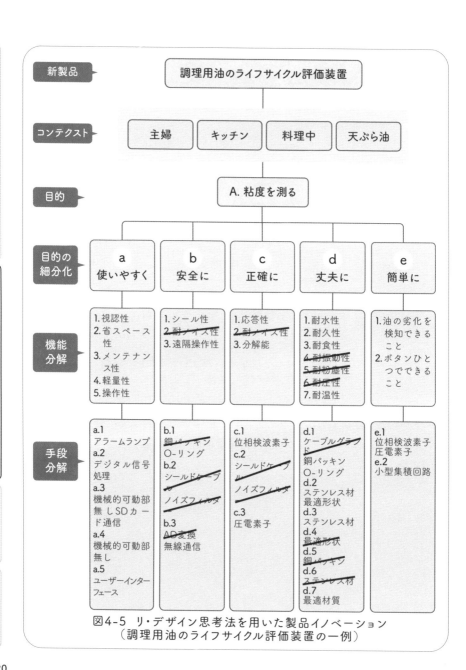

新製品　調理用油のライフサイクル評価装置

コンテクスト　主婦　キッチン　料理中　天ぷら油

目的　A. 粘度を測る

目的の細分化

a 使いやすく	b 安全に	c 正確に	d 丈夫に	e 簡単に

機能分解

a	b	c	d	e
1.視認性 2.省スペース性 3.メンテナンス性 4.軽量性 5.操作性	1.シール性 2.耐ノイズ性 3.遠隔操作性	1.応答性 2.耐ノイズ性 3.分解能	1.耐水性 2.耐久性 3.耐食性 4.耐振動性 5.耐粉塵性 6.耐圧性 7.耐温性	1.油の劣化を検知できること 2.ボタンひとつでできること

手段分解

a	b	c	d	e
a.1 アラームランプ a.2 デジタル信号処理 a.3 機械的可動部無しSDカード通信 a.4 機械的可動部無し a.5 ユーザーインターフェース	b.1 銅パッキン O-リング b.2 シールドケーブル ノイズフィルタ b.3 AD変換 無線通信	c.1 位相検波素子 c.2 シールドケーブル ノイズフィルタ c.3 圧電素子	d.1 ケーブルグランド 銅パッキン O-リング d.2 ステンレス材 最適形状 d.3 ステンレス材 d.4 最適形状 d.5 銅パッキン d.6 ステンレス材 d.7 最適材質	e.1 位相検波素子 圧電素子 e.2 小型集積回路

図4-5　リ・デザイン思考法を用いた製品イノベーション
（調理用油のライフサイクル評価装置の一例）

　結果として、「船舶用流体制御装置」というやや固い製品から、「調理油のライフサイクル評価装置」という新しい製品コンセプトを導出することができました（図4-6）。

　PFM分解を適用して多様なバックグラウンドのエンジニアが製品に対する共通理解を深められたこと、そして、シナリオグラフ法の適用によって「主婦が、キッチンで、料理中に、天ぷら油を」扱う場面に製品のコンテクストをシフトできたことが成功のポイントです。

コンテクスト	ストーリーライン
WHO ：主婦 WHERE：キッチン WHEN ：料理中 WHAT ：天ぷら油	①主婦の ②天ぷら油がまだ使えるのかわかりにくいという悩みを ③天ぷら油の粘度を測定することによって解決する

［イメージ図］

図4-6　新しいコンセプトを可視化する

4-3 **海外の現地ニーズに合ったプロダクト開発**（総合電機メーカーX社）

　総合電機メーカーであるX社は、創業100年を超える、日本を代表する複合企業体です。アジア、ヨーロッパ、アメリカをはじめ世界各地に工場があり、主に国内で企画開発された家電製品を国内、及び海外で生産し、世界各国に輸出しています。家電やオーディオから住宅設備、自動車関連、航空機関連まで、多種多様な製品群と事業領域をカバーし、保有技術も多岐にわたります。近年では、事業部間の相互連携に基づく新しい価値の創造を掲げ、社内協業を積極的に進めています。このような大企業でもリ・デザイン思考法は力を発揮することができます。

4-3-1 企業が抱えるイシュー

　X社には技術、資金、販売網、ブランド等、豊富な経営資源がありますが、企業にとって最も大切な資産は社員であるとの考えの下、人材育成には特に力を入れています。人材育成を重視する姿勢は海外工場でも変わりなく、現地で採用された社員を対象に様々な研修を実施しています。

　国内でデザインされた製品群をローカライズ（現地化）するだけではなく、各地の消費者ニーズを最も熟知する現地の社員に自ら製品コンセプトをデザインする能力を培ってほしい、という思いを抱えていました。特に、製造販売拠点がある東南アジアには多民族国家が多く、生活スタイルも好みも多様です。デザイン思考などのワークショップを何度か行ったものの、製品化につながるようなアイデアはなかなか生まれてきません。加えて、現地の生活水準に見合った技術（部品や素材を含む）の選択を行い、現地の消費者が購買可能なコストで製品を企画開発する必要性も感じていました。

　すなわち、**多様なメンバーが市場ニーズと技術シーズの双方を考慮して製**

品コンセプトを考え、製品化につなげるための手法を求めていました。

4-3-2　リ・デザイン思考法の適用

　筆者は2018年1月〜3月にかけてX社の海外工場を複数回訪問し、現地採用のエンジニア、及び営業系社員を対象に、リ・デザイン思考法を用いたワークショップを行いました。対象製品はエアコン、ドライヤーなどの家電製品です。

　最初に自社製品を実際に分解してみることから始めました（写真①、P.124）。部品や素材単位でバラバラに分解することで、製品に含まれる構成要素を明らかにします。その際、写真のように分解した対象物には付箋で名称を記載し貼っておくと、グループでの作業がしやすくなります。

　次に、リ・デザイン思考法の進め方（P.82）に従い、コンテクストの設定、目的分解、目的の細分化、機能分解、手段分解を行いました。手段分解の結果は、実際に製品を分解した部品等との整合性を確認しながら、網羅的に抽出しました（写真②、P.124）。

　続いて、最初に設定したコンテクストを刷新し、従来にはない新しい製品コンセプトをグループワークにより導出しました。写真②では、一度作成した階層図をもとに、必要な目的、機能、手段の追加を行い、不必要な目的、機能、手段を削除しています。このように新しい製品の全体像を明らかにした上で、具体的なイメージを絵と文字で表現したものが写真③（P.124）です。発想として斬新なだけではなく、具体的なドライヤーの構成要素を踏まえて要素技術の選択を行っているため、実装の可能性を検証可能な製品コンセプトを創造することに成功しました。

X社の海外工場におけるリ・デザイン思考法の適用例（ヘアドライヤー）

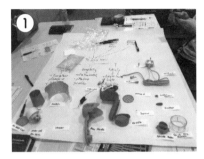

写真①　自社製品を実際に分解した様子

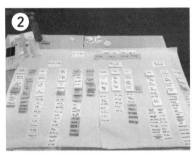

写真②　PFM分解を行った後、新しい製品コンセプトに
　　　　従って必要／不必要な要素を並べた様子

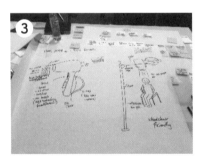

写真③　新しい製品の具体的なイメージを絵と文字で
　　　　表現した様子

CHAPTER 4のまとめ

　一般的なデザイン思考を用いたワークショップは盛んに行われています が、その多くは思いつきのアイデア出しにとどまり、その場は盛り上がるもの の、なかなか製品化へとつながりません。**原因として、既存の延長線上に はない革新的なコンセプトを創出するフェーズと、そのコンセプトを製品 やサービスとして具現化するフェーズが乖離していること**が挙げられます。 この問題を解消する一貫性を持った方法論として、リ・デザイン思考法を用 いたワークショップが効果的なのです。

　シヤチハタ社の例では、本書で紹介したのはステップ1のPFM分解のみ でしたが、自社の主力製品であるスタンプを分解した上で、シナリオグラフ 法を応用してコンテクストの刷新を行い、新しいコンテクストに基づいて製 品コンセプトを再び設計する演習を繰り返し行いました。結果として、アイ デアとしては極めて斬新でありながら、その実現のための手段の組み合わせ について一定の目処が立つコンセプトを数多く創出することができました。 これはリ・デザイン思考法が、製品コンセプトの設計という目的に対し革新 性と実現性を同時に追求できることを意味しています。

　また、中北製作所の例では専門領域が異なる技術者のグループを作って 新製品を検討し、短時間で新しい製品コンセプトの導出に成功しています。 これはリ・デザイン思考法が誰にとっても理解しやすく、短期間で習得可能 な手法であることを示唆するものです。

さらに、総合電機メーカー X 社の例では、ワークショップの参加者はマーケティング職と技術職の混合で構成されていたのですが、リ・デザイン思考法を用いて顧客ニーズと要素技術のすり合わせを視覚的に行うことで、それぞれの専門領域を越えた深い議論が可能となりました。リ・デザイン思考法は理系出身者と文系出身者が一緒になって共創する際に効果を発揮することを示唆しています。

本書を参考にして、革新的な製品・サービスのコンセプト設計を一貫性を持って行う方法論としてのリ・デザイン思考法を、様々な業界・企業で実践していただきたいと思います。

COLUMN ● by ［Nobuaki Minato］

2 リ・デザイン思考法が生まれた背景

　技術経営大学院の教員をしていると、研究開発型の製造企業と共同研究を行う機会が数多くあります。最も多い研究テーマは、**「イノベーション創出のためのプロセス設計とマネジメント」** に関するものです。

　各社の悩みは大体共通しています。アイデア発表会や新規事業提案制度など、これまで社内で様々な取り組みを実践しているものの、以前に聞いたようなアイデアばかりが繰り返し提案される、といった悩みです。そのため、様々な部署から多様な人材を集めてチームを作り、みんなで知恵を出し合って、これまでにない新しい製品やサービスを考えさせるアプローチが採用されます。研究開発部門や生産部門から主に理系出身者を集め、マーケティング部門や営業部門から主に文系出身者を集め、さらに、男性と女性のバランスも考慮して多様なチームを作る場合が多いです。

　しかし、多様性に富むチームを社内で編成するだけでは、新しい製品やサービスのコンセプト開発は上手くいかないことも事実です。その理由として、主に理系出身者が多い技術職と、主に文系出身者が多いマーケティング・営業職とで、製品の理解に対する根本的な考え方が違うことが挙げられます。すなわち、技術職の方は、理系のバックグラウンドを発揮して、製品に含まれる要素技術やメカニズムを理解することに優れています。しかし、要素技術は深く理解できていても、その先にどのように進めばよいかがわからないことが多い印象です（図 4-7、P.129）。

　一方、マーケティング職や営業職の方は、市場に一番近いところで日頃から仕事をしているため、顧客が求める製品やサービスはどのようなものかを体験的・直感的に理解することに優れています。しかし、技術的な知識に乏しい場合には、その先にどうやって進めば製品化を実現できるかを考えることが苦手な印象です（図4-8）。

　両者で合同プロジェクトを組織し製品化にたどり着ければよいのですが、成功する事例ばかりではありません。専門知識の違いやこだわりの違いなどによって意見の衝突が起こり、プロジェクトが途中で崩壊することも少なくありません。そこで、技術職とマーケティング・営業職とが相互の強みを発揮し協働しながら、革新的な製品やサービスを考えるための新しい手法を作れないか、という問題意識が生まれました。

　リ・デザイン思考法は、この問題意識をJAXAと立命館大学MOT大学院とで共有し、既存の思考法や分析手法を調整してそのエッセンスを取り入れながら、利用者のバックグラウンドにかかわらず誰でも簡単に使える手法として開発することを目指しました。

　ヒントにしたのは、CHAPTER1でJAXAの山方氏が紹介してくれた宇宙開発におけるシステム設計のための発想法です。ロケットや人工衛星などの宇宙機の設計では、ミッションを定義し、具体的に達成すべき目的を明確にした上で、目的達成に必要な機能、そして機能を実現し得る手段の順に、階層構造で具体化していくアプローチを採用します。

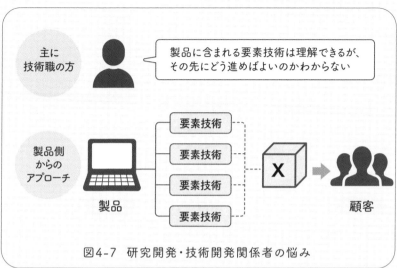

図4-7　研究開発・技術開発関係者の悩み

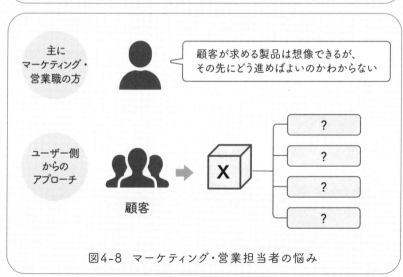

図4-8　マーケティング・営業担当者の悩み

このような**設計の基本的なアプローチを宇宙開発だけでなく、一般的な製品やサービスにも適用**できるようにすることを目的として、2015年から2018年にかけて、立命館大学MOT大学院とJAXAとの間でプラクティカム（課題解決型長期企業実習）を実施しました。数年間にわたる研究の成果として、リ・デザイン思考法の手法としての体系化、効果検証及びマニュアルの作成等が行われました。現在も、筆者の研究室で手法の改善は続けられています。

リ・デザイン思考法が目指すもの

技術経営学の観点から話をすると、新しい製品やサービスを開発するには、大きく分けてふたつのアプローチがあります。

ひとつは、市場や顧客のニーズを起点として考えるアプローチです。市場と顧客のニーズを掘り起こしてそれを満たすような製品やサービスのコンセプトを創造し、ビジネスモデルを設計します。これを**マーケット・プル（Market Pull）**または**マーケット・イン（Market In）**と呼びます。

もうひとつは、技術シーズを起点として考えるアプローチです。保有する技術や既存製品を応用して新しい製品やサービスのコンセプトを創造し、潜在市場と顧客にアクセスするビジネスモデルを設計します。これを**テクノロジー・プッシュ（Technology Push）**または**プロダクト・アウト（Product Out）**と呼びます。

市場や顧客を起点とする前者のアプローチの強みは、ユーザーのニーズを直

接的に満たすコンセプトを開発しやすいことです。つまり、ニーズに基づいた新しい製品やサービスなので、顧客要求を反映した機能や性能を実現することができ、顧客に受け入れられる可能性が高いといえます。

　弱みとしては、すでに顕在化した顧客のニーズを反映しすぎると斬新なコンセプトが生まれにくいこと、そして、斬新なコンセプトが生まれた場合にそれを実現する手段の目処がすぐには立たないことが挙げられます。

　一方、技術を起点とする後者のアプローチの強みは、新しい機能やより優れた性能を発揮する製品・サービスにつながりやすいことです。自社が保有する技術だけでなく、市場に存在する新しい技術を取り入れることで、既存製品に変化を与えることができます。

　弱みとしては、顧客のニーズに合致しないコンセプトになる可能性があること、また、過剰性能や過剰機能といった、顧客が望まないレベルの製品やサービスを作ってしまう可能性があることです。これは、製品開発に成功しても市場化・事業化に失敗する理由のひとつです。

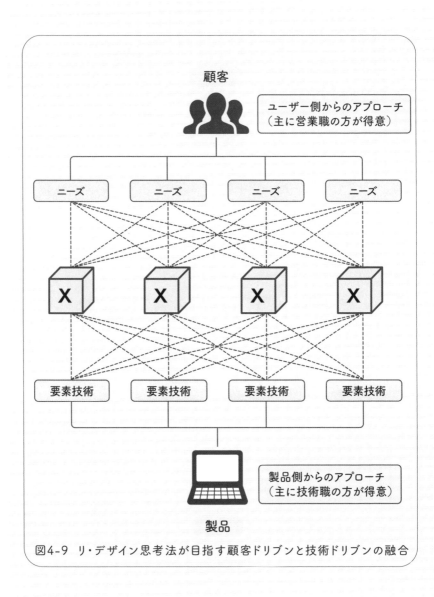

図4-9　リ・デザイン思考法が目指す顧客ドリブンと技術ドリブンの融合

　リ・デザイン思考法が目指すのは、市場・顧客起点での新製品・サービス開発のアプローチと、技術起点でのアプローチとを融合させることです。すなわち、既存の延長線上にない新しい製品やサービスのコンセプトを導出できると同時に、それを実現する技術や方法にも一定の目処を付けられるようにすることです。

　どちらのアプローチを選択したとしても、革新的でありながら、確実に成功する製品やサービスのコンセプトに導けること、それがリ・デザイン思考法の目指す姿なのです。

リ・デザイン思考法の
トレーニング

練 習 問 題 1

PFM分解を用いたハンバーガーの分解

　あなたはハンバーガーショップの店長です。最近になって近所に新しいハンバーガーショップが新規オープンし、競争が激しくなってきました。ライバル店に対して差別化を図るにはどうすればいいでしょうか。まずはライバル店の商品について深く知ることにしました。

課題	**PFM 分解を使ってハンバーガーを分解してみてください。**

ヒント：上から下に向かって、目的―機能―手段の順に分解しましょう

解 説

①コンテクストの設定

　分解に取りかかる前にコンテクストの設定が必要です。コンテクストの設定は論理的に一貫した分解を進めるために重要であることはすでに述べました。特に、複数人で分解を行う場合には、メンバー同士で違う場面を想像しながら分解すると上手くいかないことが多いです。ブレのない分解を進めるために、明確なコンテクストを設定し、グループで共有してください。

　今回は仮に、WHO（誰が）は**高校生**、WHERE（どこで）は**公園**、WHEN（いつ）は**塾に行く前**、そして、WHAT（何を）は**腹ごしらえ**と設定しましょう。最後の WHAT は、何かに作用する技術製品を分解する場合はその対象物を設定することが多いですが、ハンバーガーのようにそれ自体が行為の目的となる対象物の場合には、行為（Activity）そのものを設定することも可能です。ここでは、塾に行く前におなかを空かせた高校生をイメージし、ハンバーガーで腹ごしらえをする場面を想像しました。

②目的分解と目的の細分化

　設定したコンテクストに従って、目的分解、目的の細分化を行います。目的はシンプルな動詞で**「食べる」**としましょう。みなさんが高校生であればハンバーガーを食べる際に、どのように食べたいでしょうか。それを想像しながら、目的の細分化を行います。

　塾へ行く前なので**「素早く（食べたい）」**、そして、場所を選ばずに**「どこでも（食べたい）」**、とはいえ食事なので**「美味しく（食べたい）」**、授業の後に部活動をやっておなかが空いたので**「しっかり（食べたい）」**、お肉だけだと脂っ

こいので「**さっぱり（食べたい）**」、お店からテイクアウトしても「**温かく（食べたい）**」、汚れたままだと塾に行きづらいので「**きれいに（食べたい）**」など、様々な修飾語を考えることができるでしょう。

　この段階では正解や不正解はないので、ブレインストーミング法を用いて大いに思考を発散させてください。思考が発散しすぎて収拾がつかなくなったら親和図法の出番です。

③機能分解

　次は機能分解です。細分化した目的に沿って、必要とされる機能を抽出していきます。

「a.素早く（食べる）」ためには、スプーンやフォークを使わなくてもよいように「**手に持つ**」、「**具を挟む**」といった機能が必要になるでしょう。「b.どこでも（食べる）」ためには、同じく「**手に持つ**」という機能の他に、お店から移動して食べられるように「**持ち運ぶ**」という機能も必要になりそうです。「c.美味しく（食べる）」ためには、食材に「**コクがあり**」、「**味を好みに調えて**」くれ、さらに、「**歯ごたえ**」も欲しいですね。「d.しっかり（食べる）」ためには、食材として十分なボリュームの「**食べ応え**」が欲しいところです。「e.さっぱり（食べる）」ためには、一定の「**酸味がある**」とお肉の脂っこさを中和してくれそうです。お店から移動してもハンバーガーを「f.温かく（食べる）」ためには、何かしら「**温度を保つ**」機能が必要です。ケチャップなどで手が汚れることを考慮し、「g.きれいに（食べる）」ためには、「**汚れを拭く**」機能も付与しておきましょう。

④手段分解

　最後は、手段分解です。CHAPTER2で分解したハンバーガーの構成要素と

して、バンズ、ピクルス、パティ、チーズ、調味料、包み紙、袋、ナプキンがありました。これらの構成要素を手段として捉え、どのような機能の発揮につながっているかを考えます。

「手に持つ」という機能は**包み紙**があることで実現され、「具を挟む」という機能は**バンズ**によって実現されています。「持ち運ぶ」という機能は**袋**によって実現されています。同じように、「コクを出す」は**チーズ**によって、「味を調える」はケチャップやマスタードなどの**調味料**によって、「歯ごたえ」は**ピクルス**によって実現されていると考えられますね。「食べ応え」に関連するのはおそらく**バンズ**や**パティ**の部分で、酸味に関連するのは**「ピクルス」**といえそうです。「温度を保つ」機能は**包み紙**と**袋**によって実現されています。「汚れを拭く」機能は、**ナプキン**があることによって実現されています。

⑤全体統合

これらの分解結果をひとつの図にまとめたものが図5-1です。この図のように、目的─機能─手段の関係性が整合的にひと目で可視化されることが重要です。CHAPTER2で要素分解した結果と表現が多少異なることは問題ありません。

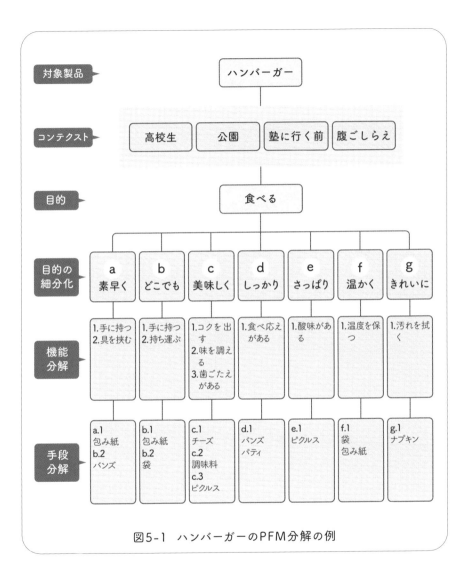

図5-1　ハンバーガーのPFM分解の例

　PFM 分解を用いて上から下へトップダウンで分解する。すなわち、目的―機能―手段の順に分解していると、途中で上手く機能や手段が思いつかなくなる場面があります。そのような場合には、**一度手段の分解に着手して構成要素を抽出し、下から上へとボトムアップで分解を進め、どこかで上からの分解結果と一致させるアプローチも有効**です。

　ハンバーガーのような簡単な商品の例であれば、上からでも下からでも分解することができますが、複雑な製品やよく知らない技術製品の場合は、上から分解する PFM 分解のアプローチが適しています。分解対象に対する理解度や考えやすさで上手く使い分けてください。

練 習 問 題 2

プロダクトを対象としたリ・デザイン思考法

あなたは文具メーカーの商品企画担当です。世界中からバイヤーが集まる国際文具見本市に「斬新なコンセプトの商品」を展示してほしいと依頼されました。これまでボールペンを中心に商品改良や新商品の開発を担当してきましたが、まったく新しい発想のコンセプト開発に挑むのは初めてです。世界中のバイヤーから注目を集めるために、既存の延長戦上にはない新しいコンセプトを提案する必要がありそうです。

課題 **リ・デザイン思考法を使って、「ボールペン」から新しい製品のコンセプトを考えてください。**

ヒント：CHAPTER3（P.77）を参考にして、ステップ１から順に進めてください

解　説

■ステップ1：PFM分解

①コンテクストの設定

　ボールペンの一般的な利用シーンを想像し、コンテクストを設定します。コンテクストの設定によって、この後に続く目的分解、目的の細分化、機能分解、手段分解が影響を受けます。新しい製品の開発において、すでに標的となる市場や顧客像が明確である場合、それらを反映したシナリオ（WHO、WHERE、WHEN、WHAT）をコンテクストとして設定します。

　ここでは一般的な利用シーンをイメージして、「社会人が、自宅で、仕事中に、メモ帳に対して、ボールペンを利用する」というコンテクストを設定しました（表5-1）。

表5-1　ボールペンのコンテクストの設定

WHO（誰が）	社会人
WHERE（どこで）	自宅
WHEN（いつ）	仕事中
WHAT（何を）	メモ帳

②目的分解と目的の細分化

　ボールペンの目的をシンプルな動詞で表現します。ボールペンをメモ帳に対して使用する場合、電話番号をメモする、会議の予定を記入する、イラストを

描くなど様々な目的が考えられます。この例では単純化のため最も一般的な目的と考えられる **「文字を書く」** としました（図5-2）。

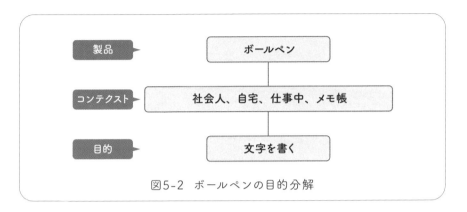

図5-2　ボールペンの目的分解

　目的の設定が終わったら、その目的を細分化します。目的に対する修飾語（副詞など）を考えてください。図5-3は「文字を書く」という目的について、どのように文字を書きたいかを考え、細分化した例です。ブレインストーミング法（P.69）を用いて、コンテクストで設定した人物（WHO）の目線で思考を発散させてください。

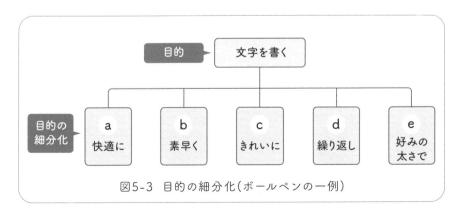

図5-3　目的の細分化（ボールペンの一例）

　企業に勤める社会人であれば、会議中に仕入れた情報をメモ帳に書き記すことで、後で振り返りをするかもしれません。会議中は話している内容に追いつくためにすらすらと書くことが求められます。長時間の会議でずっと文字を書いていると疲れるでしょう。軽やかに、滑らかに書きたいと想像できます。

　このようにユーザーの気持ちになって想像を働かせ、修飾語を抽出します。目的の細分化の例としては、「滑らかに（文字を書く）」、「安定して（文字を書く）」、「疲れずに（文字を書く）」などと表現できるでしょう。似たような内容を親和図法を用いてまとめ、**「a. 快適に（文字を書く）」**と整理して表現することも可能です。

　目的をさらに細分化しましょう。会議中にずっとメモをしているわけではありません。すぐペンを取り出せる、メモ帳にすぐ文字を書ける、机上にペンを置いていつでも使えるようにしたいというニーズもありそうです。これらを**「b. 素早く（文字を書く）」**とまとめてみました。また、ボールペンで書いた跡を手で触ってしまい、文字がつぶれてしまうことや、手が汚れてしまうリスクを防ぎたいという考えから、**「c. きれいに（文字を書く）」**という細分化も行いました。ブレインストーミング法による発散と親和図法による収束を繰り返し、目的の細分化を完成させましょう。結果として、**「a. 快適に」**、**「b. 素早く」**、**「c. きれいに」**、**「d. 繰り返し」**、**「e. 好みの太さで」**という修飾語を用いて、目的の細分化を行うことができました。

③機能分解

　機能分解では、細分化された目的をそれぞれ達成するために必要な機能を考えます。

　「a. 快適に（文字を書く）」ためには滑らかな書き味、すなわち書く際にペン先から**適量のインクが抽出されること**が必要です。疲れないためには、ボール

ペンの持ち手があまりにも太すぎたり細すぎたりせず、**持ちやすい太さであること**も必要です。

「c.きれいに（文字を書く）」ために必要な機能も考えましょう。裏写りはボールペンから出たインクが紙に浸透し、インクが乾くのに時間がかかることが原因といわれています。これらの原因を防ぐことが、細分化された目的である「c.きれいに（文字を書く）」を達成するために必要な機能と考えられます。

「d.繰り返し（文字を書く）」ためには、ボールペンの**芯が交換できること**や**インクが補充できること**が必要と考えられます。このような議論を繰り返しながら、ボールペンについて機能分解します（図5-4）。

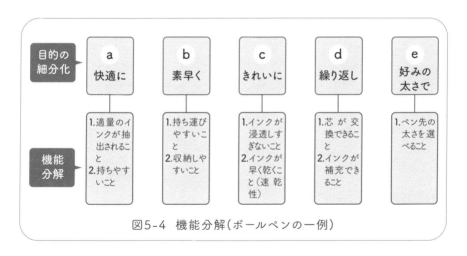

図5-4　機能分解（ボールペンの一例）

④手段分解

ボールペンの PFM 分解も最後の段階です。機能を実現するために用いる具体的な手段を、素材、部品、技能などを用いて表現します。

ボールペンは、先端のボールに、インクの誘導孔から抽出されたインクが付着し、それを紙に転写することで文字を書くことを実現しています。従って「適

量のインクが抽出されること」は、ボールペンの先の部分に含まれる、**ボール、ホルダー、ボール受座、インク誘導孔**が関係しています。滑らかに書くことができるボールペンは、先端のボールの形状を精密に加工することによってその書き味を実現しています。

　持ちやすさはどうでしょう。これは、ボールペンの**軸筒**（持つ部分）の形状、**グリップ**の素材等の手段によって実現できそうです。また「インクが浸透しすぎないこと」という機能は、インクの構成素材（**溶剤、着色剤、樹脂、添加剤**）によって発揮されます。以上のような議論を繰り返しながら、具体的な手段を整理した結果が図 5-5 です。

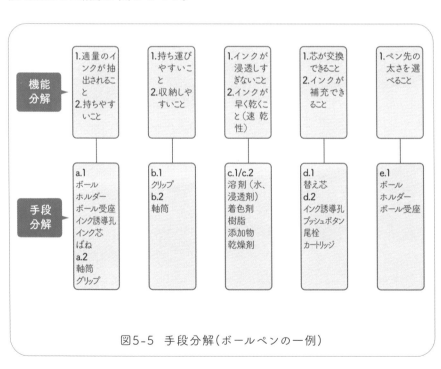

図5-5　手段分解（ボールペンの一例）

⑤全体統合

最後に、分析結果をひとつの階層図にまとめ直しましょう。ボールペンを対象とした PFM 分解の結果が図 5-6 です。この図を俯瞰することで、ボールペンという製品はどのような目的を有し、どのような機能を発揮し、どのような手段によって実現されているかを体系的に理解することができます。

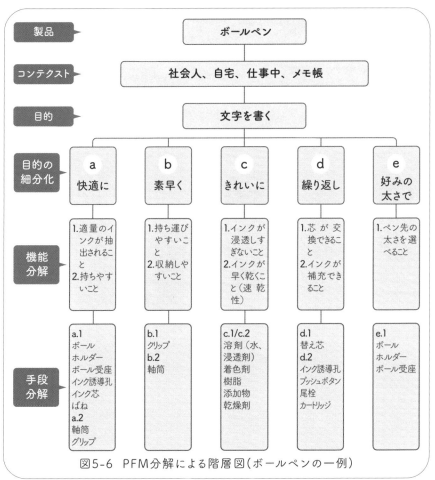

図5-6 PFM分解による階層図（ボールペンの一例）

147

■ステップ2：新たなターゲットを設定する

筆者が行ったシナリオグラフ法の結果の一部を図5-7に示します。

WHATは歯、財布、壁、靴など、WHEREは居酒屋、トイレ、学校、宇宙など、WHOは小学生、大学生、主婦、警察官など、そしてWHENは仕事終わり、朝食時、忙しい時、昼休みなどを抽出しました。要素の抽出が一通り終わった後は、全体を俯瞰して面白い組み合わせを探しましょう。

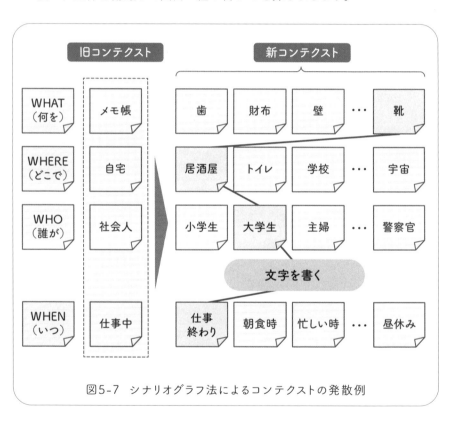

図5-7　シナリオグラフ法によるコンテクストの発散例

今回はひとつの例として、WHO を社会人から**大学生**へ、WHERE を自宅から**居酒屋**へ、WHEN を仕事中から**仕事終わり**へ、WHAT をメモ帳から**靴**へと変更します（表5-2）。

新しく設定したコンテクストを踏まえて、ステップ3へと進みます。

表5-2 コンテクストの再設定

	旧コンテクスト	新コンテクスト
WHO（誰が）	社会人	大学生
WHERE(どこで)	自宅	居酒屋
WHEN(いつ)	仕事中	仕事終わり
WHAT(何を)	メモ帳	靴

■ステップ3：新しい製品のコンセプトを考える

①ストーリーラインの作成

　新製品のコンセプトのもとになるストーリーラインを作成します。ストーリーラインの設定では、誰の（User）、どのような悩みを（Issue）、どのような方法で解決するか（Solution）の3点を考えます。

　新しいコンテクストでは、Userは大学生です。彼らが、居酒屋で靴を対象としてどのような悩みを持つことが考えられるか、みなさんの想像力を働かせて考えてください。居酒屋でおしゃれな靴を汚したくないという悩み、アルバイトなどの仕事終わりで汗が原因で靴から悪臭が発生するかもしれないという悩み、それを他人に気づかれたくないという悩みが考えられるかもしれません。あるいは、帰り際に似たような靴があると自分の靴がなかなか見つからないという悩みもよく聞きます。このような経験を踏まえ、以下のようなストーリーラインを設定しました。（表5-3）

表5-3 ストーリーラインの設定

誰の（User）	大学生の
どのような悩みを（Issue）	自分の履いてきた靴を 見つけられないという悩みを
どのような方法で解決するか（Solution）	靴に文字を書くことで解決する

②目的の細分化の刷新

　ステップ1で作成したPFM分解の階層図と、ストーリーラインを用いて新しい製品の目的を考えます。

　今回は目的の細分化から修正します。メモ帳の例では、目的の細分化として、快適に、素早く、きれいに、繰り返し、好みの太さで、を抽出しました。一番解決しなければならないのは、靴に文字を書くという行為そのものに対する抵抗感です。飲み会の終了後も履く靴を文字で台無しにしたくはないでしょう。同時に誰かの靴と間違えることも避けたいです。そこで、書いた文字を簡単に消すことができればどうでしょうか。つまり、**「簡単に消える（文字を書く）」** という目的を、新たに細分化された目的として追加することで解決できる可能性があります。目的を追加し、更新した結果が図 5-8 です。

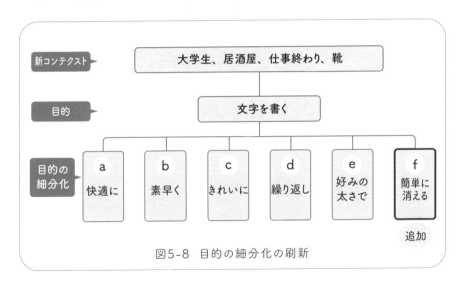

図5-8　目的の細分化の刷新

③機能分解の刷新

　目的の細分化の刷新の後は、機能分解を刷新します。これ以降は、削除した目的については考えないようにして、検討時間の短縮を図りましょう。

「f.簡単に消える（文字を書く）」という目的を実現するために必要な機能を追加します。**インクが靴の素材に浸透しないこと、文字の跡が残りにくいこと** が

必要です。また、既存の目的に対して追加の機能が必要であればその記述が必要です。例えば、「a. 快適に（文字を書く）」という目的に関して、新しいコンテクストの場合、文字を書く場所（靴の表面）が安定しておらず文字を書くときに力が入りづらいことが推測できます。そこで、**どの角度でもインクが転写可能**であることが追加の機能として考えられます。機能分解を刷新した結果が図 5-9 です。

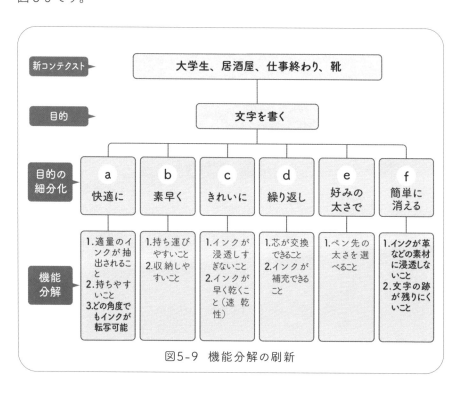

図5-9　機能分解の刷新

④手段分解の刷新

刷新された機能を実現するために必要な具体的な手段を考えます。「どの角度でもインクが転写可能」であることは、ペンの先端のチップの工夫によって対応が可能です。「インクが革などの素材に浸透しないこと」は、インクの成分によって発揮されます。具体的には、**添加物**である乾燥剤や**浸透剤**の変更などがあたります。次に、「文字の跡が残りにくいこと」はどうでしょう。インクの成分の変更も重要な手段のひとつになるでしょう。摩擦熱を発生させる**ゴム**の使用も考えられます。傷つきにくくするために、文字を消せる専用の**布**の使用も考えられます。手段分解を刷新した結果が図5-10です。

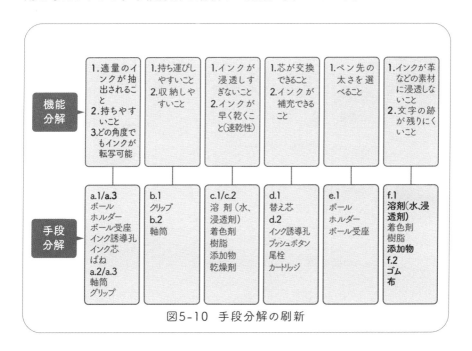

図5-10　手段分解の刷新

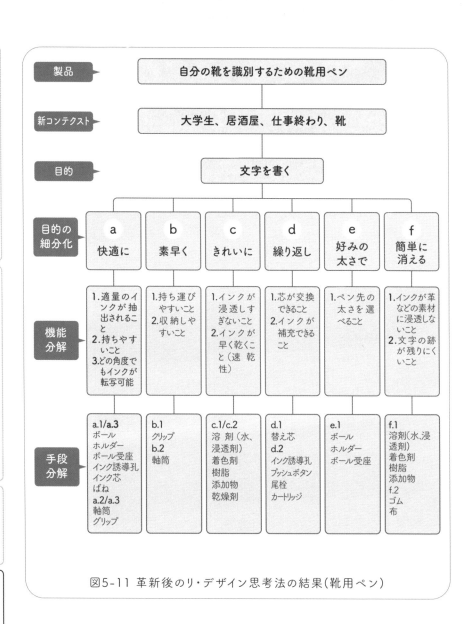

製品	自分の靴を識別するための靴用ペン
新コンテクスト	大学生、居酒屋、仕事終わり、靴
目的	文字を書く

目的の細分化	a 快適に	b 素早く	c きれいに	d 繰り返し	e 好みの太さで	f 簡単に消える
機能分解	1.適量のインクが抽出されること 2.持ちやすいこと 3.どの角度でもインクが転写可能	1.持ち運びやすいこと 2.収納しやすいこと	1.インクが浸透しすぎないこと 2.インクが早く乾くこと（速乾性）	1.芯が交換できること 2.インクが補充できること	1.ペン先の太さを選べること	1.インクが革などの素材に浸透しないこと 2.文字の跡が残りにくいこと
手段分解	a.1/a.3 ボールホルダー ボール受座 インク誘導孔 インク芯 ばね a.2/a.3 軸筒 グリップ	b.1 クリップ b.2 軸筒	c.1/c.2 溶剤（水、浸透剤） 着色剤 樹脂 添加物 乾燥剤	d.1 替え芯 d.2 インク誘導孔 プッシュボタン 尾栓 カートリッジ	e.1 ボールホルダー ボール受座	f.1 溶剤（水.浸透剤） 着色剤 樹脂 添加物 f.2 ゴム 布

図5-11 革新後のリ・デザイン思考法の結果（靴用ペン）

最後に、上記の議論の結果を反映し、再び階層図にしたものが図 5-11 です。**「自分の靴を識別するための靴用ペン」**という新しい製品コンセプトができました。

　実際にボールペンを PFM 分解し、その構成要素を体系的に理解し、上手く再利用することによって、短時間で新しい製品コンセプトの設計に応用することが可能です。

【完成した新コンセプト】

　新しい製品コンセプトの階層図を作成した際は、そのイメージを具体的な絵や文字で表現しておくことをおすすめします。イラストは、新しい靴用ペンの利用イメージを表現しました。

　今回は靴用のペンを考えましたが、フォーマルなコートやジャケットについても同じ悩みがありそうですね。リ・デザイン思考法を用いることで、様々な対象についての、複数の製品コンセプト案を導出できるでしょう。

応用問題

サービスを対象としたリ・デザイン思考法

サービスを対象としたリ・デザイン思考法は、製品の場合よりも少し複雑です。理由は、サービスを提供する側（提供者）とサービスを受ける側（受益者）がいるためです。ふたつの視点のうち、どちらの視点に立つかを明確にして分解していくことが必要です。

それでは、「宅配サービス」を例に、リ・デザイン思考法を用いて新しいサービスを考えてみましょう。

| 課題 | リ・デザイン思考法を用いて、「宅配サービス」から新しいサービスのコンセプトを考えてください。 |

ヒント：提供者と受益者のふたつの視点があることを意識して階層図を作りましょう

解　説

■ステップ１：PFM 分解

①サービスのコンテクスト設定

　製品の PFM 分解と同様、はじめにサービスの利用を取り巻く環境をコンテクストとして設定します。ここでは、**「社会人（Aさん）が、自宅で、夜中に、ネットショッピング」に対して宅配サービスを利用する**ことを想定します。（表5-4）

表 5-4　宅配サービスのコンテクスト設定

WHO （誰が）	社会人（A さん）
WHERE （どこで）	自宅
WHEN （いつ）	夜中
WHAT （何を）	ネットショッピング

②サービスの目的設定と細分化

　次にサービスの目的を、シンプルな動詞で表現します。ここでは、**サービスを受ける側の視点に立ち、「荷物を受け取る」**と設定しました（図 5-12）。

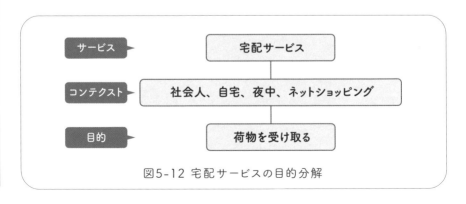

図5-12 宅配サービスの目的分解

　目的の設定が終わったら、この目的をどのように達成をしたいのかを細分化します。抽出した目的についての修飾語（副詞など）を考えましょう。図5-13は、「荷物を受け取る」ことについて目的の細分化を行った結果です。

　ネットショッピングで注文した後、仕事があって夜しか受け取れない状況や、配達時間に帰宅が間に合わないから近くのコンビニで預かってほしいというニーズがあるでしょう。これらのニーズは、親和図法（P.73）を利用して**「確実に（荷物を受け取る）」**としてまとめられそうです。また割れやすい商品である場合は、**「壊れずに（荷物を受け取る）」**という目的も考えられます。さらには破損してしまった場合でも、補償や相談窓口などへの問い合わせといった、**「安心して（荷物を受け取る）」**という目的も考えられます。

　目的の細分化として**「a. 確実に」**、**「b. 壊れずに」**、**「c. 早く」**、**「d. いつでも」**、**「e.どこでも」**、**「f.安心して」**という修飾語で目的を細分化することができました。

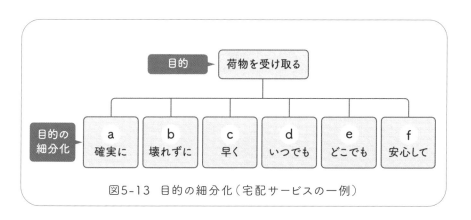

図5-13　目的の細分化（宅配サービスの一例）

③サービスの機能分解

　ここからは、細分化された目的を達成するために必要な機能を考えます。受益者の視点に立ってどのようなことをできなければならないかを考えましょう。「a.確実に（荷物を受け取る）」ための機能から考えていきます。社会人Aさんは、家に帰る時間が遅く、荷物を受け取れる時間や場所が限定されています。このことを踏まえると、確実に荷物を受け取るためには、荷物が送られてくる**時間や場所を指定できること**が必要な機能として考えられます。また**荷物の状況をリアルタイムに確認すること**ができれば、状況に応じて行動を変えることができ、確実に荷物を受け取ることができますね。

　「b.壊れずに（荷物を受け取る）」ためには、運搬時の衝撃に耐えられるように、荷物がしっかりと**梱包されていること**、さらには配達時に配達員が注意して運ぶよう**注意喚起されていること**が必要です。

　「f.安心して（荷物を受け取る）」ようにするためには、先ほど述べたように破損した際にしっかりと**補償が受けられること**、破損などのトラブルがあった際に**苦情を伝えられること**が必要です。また、注文の品をしっかり確認してから購入したい場合に、**荷物と引き換えに支払いができること**は安心につながると考えられます。

　このように、機能分解のパートでは、細分化された目的それぞれに対して、どのようなことをするべきかを記述していきます（図5-14）。

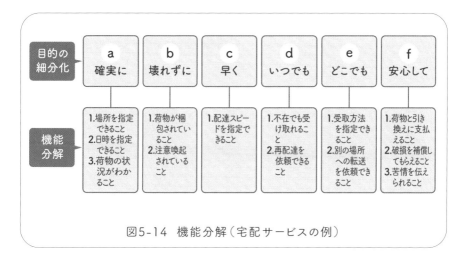

図5-14　機能分解（宅配サービスの例）

④サービスの手段分解と全体統合

　機能の抽出が完了したら、それらを発揮するために必要な手段を記述します。製品の場合、手段分解では素材や部品が該当しましたが、サービスではそれらに加えて、下位のサービスや処理プロセスなども考えましょう。

「場所を指定できること」を達成するには**住所表示**が必要です。当たり前のことかもしれませんが、見逃すとサービスが成り立たなくなります。サービスを丁寧に分解し、細部の小さな当たり前のことでも見逃さないように意識しましょう。「荷物の状況がわかる」ためには、**問合わせ番号**が記載された**注文票**が必要です。

「荷物が梱包されていること」を成立させるには、**段ボール**や**緩衝材**が必要です。このように、サービスの実現には物理的なモノが必要な場合もありますので注意してください。

「注意喚起されていること」という機能には、梱包する段ボールなどに**壊れも**

のであることを示すシールやそれに相当する表示が必要です。

「苦情を伝えられること」は、ずばり**お客様相談センター**などを設置することで対応できるでしょう。

以上のような議論を繰り返し、具体的な手段を記述したものが図5-15です。

図5-15 手段分解（宅配サービスの例）

そして、これまでの PFM 分解の結果を統合し、全体を階層構造にまとめたものが図5-16です。荷物を受け取るという目的を持つ宅配サービスについて、その全体像を階層図を用いて可視化することができました。

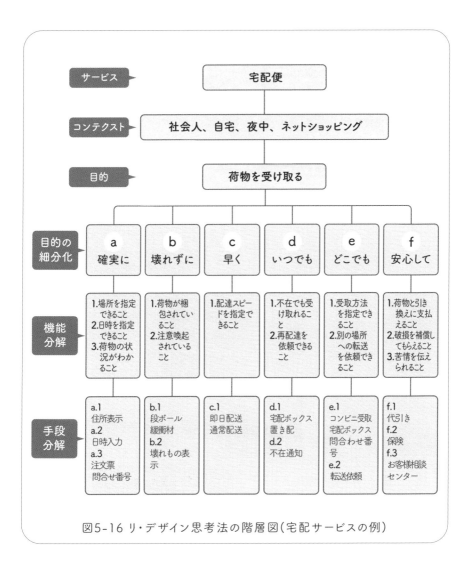

図5-16 リ・デザイン思考法の階層図（宅配サービスの例）

■ステップ2：新たなターゲットを設定する

新しいサービスのコンテクストを設定します。

ステップ1で設定したコンテクストは、社会人が（WHO）、自宅で（WHERE）、夜中に（WHEN）、ネットショッピングをする（WHAT）と設定されていました。シナリオグラフ法を用いてコンテクストの再設計を行います。ブレインストーミング法を用いて、WHO、WHERE、WHEN、WHAT の 4W を発散させましょう（図5-17）。

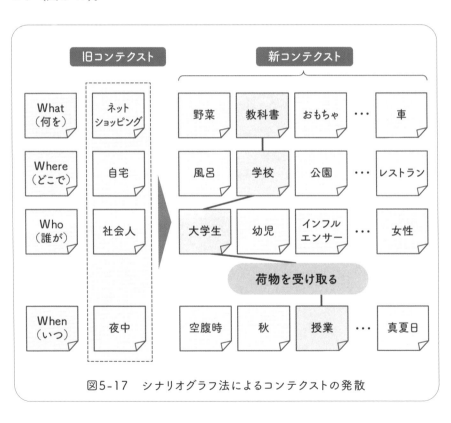

図5-17　シナリオグラフ法によるコンテクストの発散

　WHAT は野菜、教科書、おもちゃ、車など、WHERE は風呂、学校、公園、レストランなど、WHO は大学生、幼児、インフルエンサー、女性など、WHEN は空腹時、秋、授業、真夏日などを抽出することができました。

　今回の新しいコンテクストとしては、WHO を社会人から**大学生**へ、WHERE を自宅から**学校**へ、WHEN を夜中から**授業**へ、WHAT をネットショッピングから**教科書**へと変更します（表5-5）。

表5-5 コンテクストの再設定

	旧コンテクスト	新コンテクスト
WHO （誰が）	社会人	大学生
WHERE(どこで)	自宅	学校
WHEN(いつ)	夜中	授業
WHAT(何を)	ネットショッピング	教科書

■ステップ3：新サービスのコンセプトを考える

①ストーリーラインの作成

　新しく設定したコンテクストに基づき、誰の（User）、どのような悩みを（Issue）、どのような方法で解決するか（Solution）の3点を考えるストーリーラインを設定します。Userは、コンテクストで設定したWHOに該当し、大学生です。

　大学生が授業日に、学校で、教科書に対して、どのような悩みを持っているでしょうか。大学の授業が開始されると、授業によっては教科書を買う必要があります。キャンパス内に専用スペースが設置され、大学生が長蛇の列を作って教科書を購入します。この長蛇での待ち時間は大きなストレスです。また、大量の教科書の中から、自分の必要とする教科書を探すのもひと苦労でしょう。

　購入後はどうでしょうか。教える立場からは、教科書を購入し、何度も熟読してもらいたいです。しかし、大多数の学生は購入した教科書を授業が終わった後に読むことはほぼないかもしれません。仮にそうだとすれば、授業期間だけ教科書をレンタルして、授業後は次の大学生へと転売されていけばIssueは解決されるかもしれません。筆者はアメリカの大学で学んだ経験がありますが、キャンパス内のBook storeには常に教科書のUSEDコーナーがありました。セメスターの終了時・開始時にはいつも教科書を売り買いする学生でにぎわっていたのを覚えています。

　今回はこの悩みに着目して、リ・デザイン思考法を適用して、大学生間での教科書転売の新しいサービスを考えることにします（表5-6）。

表5-6 ストーリーラインの設定

誰の (User)	大学生の
どのような悩みを (Issue)	教科書を購入する負担を
どのような方法で解決するか (Solution)	教科書の受け渡しをすることで解決する

②目的分解の刷新

目的分解を刷新します。一般的な宅配サービスの従来の目的は「荷物を受け取る」というシンプルな設定でした。新しいコンテクストでは、教科書を必要としている大学生と必要としなくなった大学生との間で教科書の「受け渡し」をさせることによって、Issue を解決できると考えます。そのため、荷物としての「教科書を受け取る」という目的に加えて、新たに**「教科書を送る」**という目的を追加します（図5-18）。

図5-18　上位目的の刷新

細分化された目的を再考しましょう。「荷物を受け取る」という目的に関しては、確実に、壊れずに、早く、いつでも、どこでも、安心して、という細分化を行いました。扱う荷物が教科書であれば、まず壊れることはないでしょう。

壊れずに、を削除できそうです。しかし、汚れた教科書を受け取るのは嫌なので、「壊れずに」→**「汚れずに」**と変更することにします（図5-19）。

「教科書を送る」という目的はどうでしょうか。教科書はページ数が多く、重量があります。送料を抑えたいですね。よって**「安く」**という目的を設定しました。このような思考を繰り返し、「教科書を送る」という目的に対して、**「安く」**、**「確実に」**、**「楽に」**、**「安心して」**という4つの細分化された目的を新たに設定しました（図5-20）。

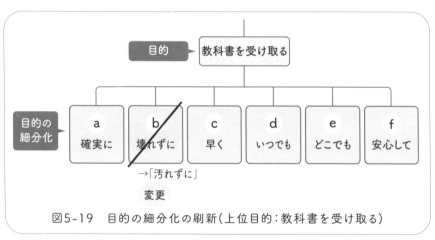

図5-19　目的の細分化の刷新（上位目的：教科書を受け取る）

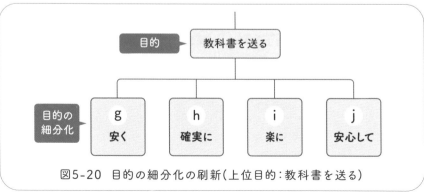

図5-20　目的の細分化の刷新（上位目的：教科書を送る）

③機能分解の刷新

　新しいコンテクストや目的に照らして、機能分解を刷新します。「a. 確実に（教科書を受け取る）」ためには**「1. 場所を指定できること」**、**「2. 日時を指定できること」**、**「3. 荷物の状況がわかること」**は引き続き必要です。「b. 汚れずに（教科書を受け取る）」ために、「壊れもの注意」と同じような注意喚起は必要ないので削除しました。しかし、教科書は紙製なので湿気には弱そうです。**「3. 水などが浸透しないこと」**は必要でしょう。「f. 安心して（教科書を受け取る）」ためには、既存の３つの機能に加えて、**「4. 教科書の損傷状況がわかること」**が必要でしょう。使用済みの教科書であり、損傷の程度は購入可否を決める重要な情報です。荷物を教科書に限定し、教科書という商品の性質に合わせて、具体的に求められる機能を抽出してください（図 5-21）。

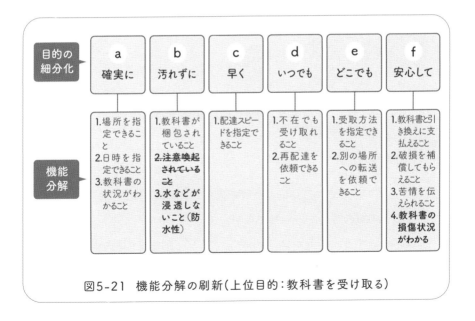

図5-21　機能分解の刷新（上位目的：教科書を受け取る）

「教科書を送る」という目的についても機能分解しましょう。「g. 安く（教科書を送る）」ためには、保険やラッピングなど、サービスの利用者が、**不必要なサービスを除外できること**が必要でしょう。「i. 楽に（教科書を送る）」ためには、サービス利用者が**送るときに手間がかからないこと**が必要です。「j. 安心して（教科書を送る）」ためには、自分が使用した教科書が誰かに買い取られ、**お金が確実に支払われる保証**が必要でしょう。このような思考を繰り返し、機能分解を刷新します。（図5-22）

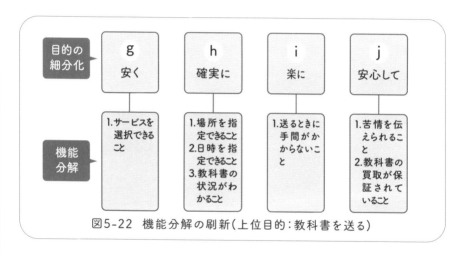

図5-22　機能分解の刷新（上位目的：教科書を送る）

④手段分解の刷新

　機能を実現するための具体的な手段を刷新します。「水などが浸透しない」ようにする機能は、水分を通さない素材による梱包によって実現されます。具体的には、配送する前に教科書をラッピングする、**耐水性の高い段ボール箱で**配送することで実現できるでしょう。「教科書の損傷状況がわかる」ようにするためには、自分の手元に届く教科書がどのような**損傷状況なのかがわかる基準（損傷状況のランク付け）や写真で確認できるサービス**があると便利でしょ

う。このような思考を繰り返して、手段分解を刷新します。この新サービスは現在の手段を用いて比較的容易に実現できそうですね。目的、機能、手段を可視化しながら考えるリ・デザイン思考法だからこそ、短期間に新しい製品やサービスの実現可否も含めて評価できます（図 5-23）。

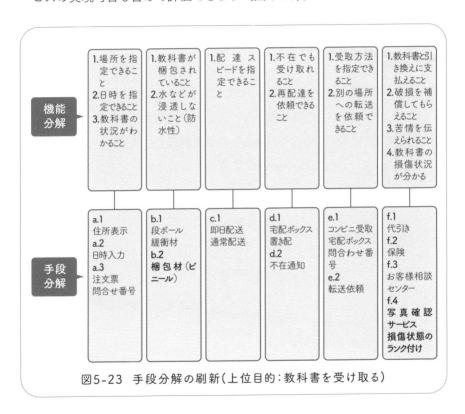

図5-23　手段分解の刷新（上位目的：教科書を受け取る）

「教科書を送る」という目的に対する手段はどうでしょうか。

「必要なサービスだけ選択できること」は、サービス内容をパッケージ化せず**個々に独立させること**で実現できます。また、**オンライン上で完結できるサービス**を導入することで、人件費を削減しユーザーの支払額を減らすことも考えられます。

「送るときに手間がかからないこと」は、**集荷サービス、梱包材・段ボールの提供、ID 登録**によって実現できるでしょう。

「教科書の買取が保証されていること」は、顧客情報や需要供給の情報を管理できる**データベース**、**送料込みサービス**や**送付用の段ボールをユーザーに事前に送付**する、買取ではなく**レンタルという選択肢**を提供することなどが考えられます。どのような手段があればその機能を発揮できるかを具体的に考えてください（図 5-24）。

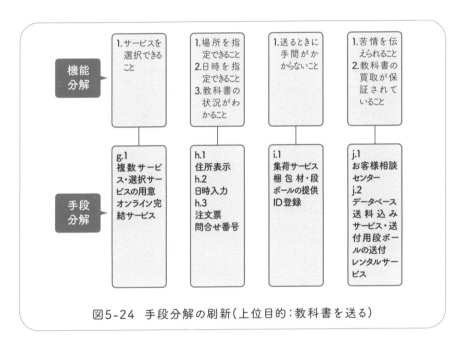

図5-24　手段分解の刷新（上位目的：教科書を送る）

新しいサービスのコンセプトについて整理した結果が図5-25です。

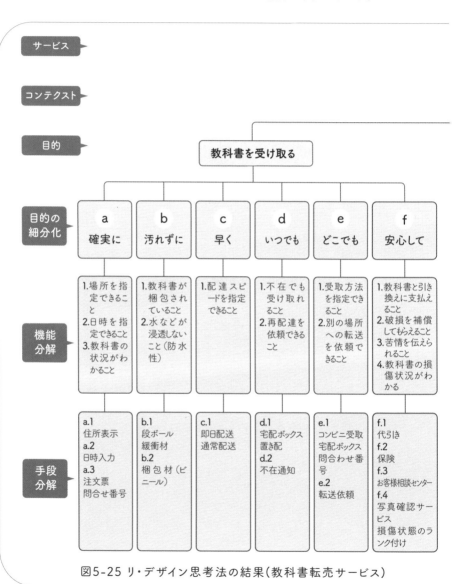

図5-25 リ・デザイン思考法の結果（教科書転売サービス）

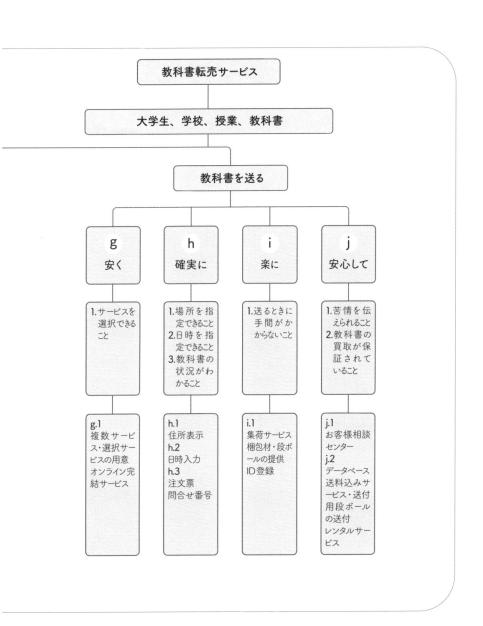

教科書転売サービス

大学生、学校、授業、教科書

教科書を送る

g 安く	h 確実に	i 楽に	j 安心して
1.サービスを選択できること	1.場所を指定できること 2.日時を指定できること 3.教科書の状況がわかること	1.送るときに手間がかからないこと	1.苦情を伝えられること 2.教科書の買取が保証されていること
g.1 複数サービス・選択サービスの用意 オンライン完結サービス	h.1 住所表示 h.2 日時入力 h.3 注文票 問合せ番号	i.1 集荷サービス 梱包材・段ボールの提供 ID登録	j.1 お客様相談センター j.2 データベース 送料込みサービス・送付用段ボールの送付 レンタルサービス

175

【完成した新しいサービスのコンセプト】

　新しいコンセプトの階層図を参考に、具体的な絵や文字でそれを表現します。「読みたい時期に、読みたいだけ、読みたい教科書サービス」と名付けましょう。教科書を一定期間レンタルし、授業終了後に専用の送付BOXで返却するサービスです。

　リ・デザイン思考法を用いることで、新しいサービスのコンセプトを短時間で考えることができ、かつ既存のサービスの強みや資源、構造を生かしたオペレーションの設計が可能になります。目的、機能、手段に分けて、可視化しながら考えるリ・デザイン思考法の強みといえるでしょう。

　ぜひ身のまわりのサービスに対してリ・デザイン思考法を適用し、新しいサービスを創造してみてください。

COLUMN ● by［Kenji Yamagata］

3 ひとりでリ・デザイン思考法を行うには？（ひとりブレスト法）

本書で紹介しているリ・デザイン思考法。この手法でより大きな成果を生み出すためには"異なる目線"があること、すなわち、考え方の違う複数人数が集まってブレインストーミングをする（意見を出し合う）ことが大切です。

ただ、読者の中にはこれからひとりで起業をしようと考えている方や、この手法を社内などで紹介するにあたり、"まずはひとりでリ・デザイン思考法を行えるようになりたい"と思う方もいるでしょう。

そんな方のために、このコラムでは**"ひとりブレスト法"**のポイントとやり方をご紹介したいと思います。

まず、ポイント。

ひと言で言うと**"違う立場の人を想定してその人の気持ちで考える"**ということ。

普段生活していて気づいているはずなのにあまり気に留めていないことですが、世の中には基本的に、自分と同じ考え方をしている人はいません。

例えば本書の中で練習問題2として取り上げている、「ボールペン」について目的を細分化するとき。

自分のこれまでの人生経験の中から、自分の視点でボールペンの目的を細分化したと思います。

その際、自分とは異なる性別、違う職種、そして普段ボールペンを使わない人、毎日のようにボールペンを使う人など、違う立場の視点はどれくらい考慮しましたか？

　自分の視点だけでは一面的で、もしかすると見落としている目的があるかもしれません。

　ということで、"違う立場の人"を作るよい方法をご紹介します。

　理想を言えば、マンガのようにできるだけ多くの"違う立場の人"（キャラクター）を自分の頭の中で作ることができればいいのですが、そのキャラクターたちの目線で考える行為は、このリ・デザイン思考法を入り口段階で投げ出したくなるほどハードルが高いことでしょう。

　そのため、人数を3人程度に絞り、彼らの目線をチェックリストにする方法をおすすめします。

1. 普段接している人の中から、異なる勉強や仕事をしている人を3人選ぶ。

　なぜ普段から接している人を？と思われるかもしれませんが、これはあなたが"異なる目線"を洗い出しやすい（分析しやすい）ためです。例えば"あなたのお友達のAさんってどんな人？"と聞かれたらこれまでのAさんとの付き合いをちょっと考えれば説明できますよね？

2. その人たちとの普段のやり取りを思い出してみる

　服装、食の好み、普段よく行く店で相手がどういう視点で見ているか思い出しましょう。相手の仕事について話したことがあると良いヒントになります。その時の会話から同じ事柄に対してどういう考え方を持っているか想像しやすいでしょう。

3. 表（チェックリスト）化する。

　ひとりブレスト法を行うときに、"目線"がブレないようにしておくことが大切です。チェックリスト化する理由は、それぞれの目線に基づき考えたかどうかを

確認するためです。例えば、次の表のように目線のチェックリストを作成してお
くと、それぞれが「ボールペン」にどのようなことを求めているかがわかるよう
になるでしょう（ちなみに、このチェックリスト例は、私が実際によく仕事をして
いた人たちを観察していて気づいたことをベースに書いています）。

名前	職業	目線
A子	会社員（事務系）	□きれいな字を書く（習字をやっていたみたい）
		□文房具にこだわりがある（集めるのが好き。仕事柄、文房具を発注することもあるため、いろいろな文具カタログを見たり、文房具屋で試し書きをしたりしている）
		□「多くのボールペンは総じて、付箋のノリが付着していた部分に文字を書きにくい」と言っていたことがある
B男	新聞記者（ペン記者）	□屋外での取材が多い（普段会うときもボールペンを胸ポケットに挿している）
		□世間に情報をいち早く出すため、まずは電話で、取材した内容を簡潔にデスクに連絡する（速記が必要）
		□ボールペンはキャップ付きではなく、ノック式が好みみたい
C子	コピーライター	□思いついたことをすぐにメモする
		□コピーは文字だけでなく、その見え方／見せ方がとても大切だと言っていた
		□クライアントの目の前で自分の頭の中を視覚的に表現する（文字とイラスト）

ひとりでリ・デザイン思考法を行うには？（ひとりブレスト法）

4. "異なる目線" の人になって細分化をしてみましょう！

　作ったチェックリストを眺めながら PFM 分解の目的の細分化の作業をしてみましょう。この時、役者になったつもりで "異なる目線" の相手になりきれると最高です。みなさんと共有しやすいイメージは B 男さんの "新聞記者" という職業ではないでしょうか。

　B 男さんは普段から、ニュースなどで報道される交通事故の現場など屋外での取材が多いです。そして、新聞記者は "誤った情報" を伝えることは致命的なため、常に "正確な情報" を提供できることが職種上必須です。

　ということで、B 男さんが "重大な交通事故現場（屋外）で関係者に取材をしてすぐに記事を発信してもらうよう、デスクに誤りなく情報を伝える必要がある" というシーンにおいて、B 男さんはどんな状況でメモを取るでしょうか？

　まず、ニュースになるような事故であれば、周りには自分以外にも記者が多数取材にきていることでしょう。そこには警察官、消防隊員、救急隊員、目撃者、被害者などの事故関係者がいます。さらには、騒ぎを聞きつけて集まった野次馬もいるでしょう。

　時事ネタは時間勝負。関係者に質問をする前に、何を聞くのかまず質問を書き出さなければなりません。

　関係者も忙しいため、ゆっくり話してくれないし、話し終わったらすぐに別の場所へ行ってしまい、話を聞けなくなってしまうかもしれません。さらに、他の記者たちとの情報の取り合いも起こるでしょう。

　このような状況で考えられる最悪な状況は何か？　インクが切れる、メモがか

すれて読めない、雨によってせっかくのメモの字が滲んでしまう可能性もある、などいろいろと考えられます（特に関係者の名前の表記などを間違えることはもってのほかです）。

　もし自分が新聞記者だったら、このような状況でボールペンにどのようなことを求めますか？

　このように考えていくことで、リ・デザイン思考法の"目的分解"、"機能分解"、"手段分解"は、自分の目線だけのときよりも豊かな発想が可能になるはずです。

　いかがでしたか？"ひとりブレスト法"のポイントとやり方。

　はじめは難しいと思うかもしれません。大切なのは相手の目線で考えてみることです。完全に"異なる目線"の立場の人になりきることには限界があるでしょう。この"ひとりブレスト法"はあくまで頭の使い方の練習法だと思って試してみてください。

あとがき

　2020 年初頭から 2021 年にかけ、世界は新型コロナウイルス感染症の脅威に直面しました。未知のウイルスと戦い、人々の命を救うために懸命の努力をされてこられた医療従事者の皆様、そしてすべての関係者の皆様に対して、深い感謝と最大限の敬意を表したいと思います。

　本書はそのような危機にも負けず誕生しました。あるいは、緊急事態宣言下でのリモートワーク普及があったからこそ実現した企画であると言えるかもしれません。なぜなら、執筆者のひとりである JAXA 山方氏は米国ヒューストンに駐在し、もうひとりの執筆者である湊は大阪のキャンパスで教鞭をとり、編集者の方々は東京で勤務をされていたからです。実際に原稿執筆が完了するまで、我々は一度も直接会うことはありませんでした。たとえ住む国や場所が違い、時差があっても、Big Picture を共有しながらチームワークを発揮すれば仕事は必ず遂行できる、その事実を本書によって証明できたと確信しています。

　本書の執筆に際しては、様々な企業や研究機関との共同研究成果が反映されています。リ・デザイン思考法を考えるきっかけとなった、宇宙服研究と冷却下着の製品化プロジェクトに協力してくれた国立研究開発法人宇宙航空研究開発機構（JAXA）の皆さま、公益財団法人日本ユニフォームセンターの皆さま及び帝国繊維株式会社の皆さま、そして、イノベーションのための思考プロセスを共同で研究した MOT プラクティカム関係者の皆さま、さらに、思考法に関する効果検証の場を提供いただいた株式会社中北製作所の皆さま、思考法を活用した商品開発を実践するシヤチハタ株式会社の皆さまに、この場を借りて感謝したいと思います。

　そして、立命館大学大学院システム・イノベーション研究室（湊宣明研究

室）の諸君には大いに助けられました。特に、PFM分解に関する研究に携わってくれた修了生の岡井将記君、Yang Boさん、東本有生さん、米津海斗君、下井田知穂さん、久保祐貴君、平田研二君、藤嶋伸之君、内山元晴君、岩田凌君、池田悠君、井原大文君、藤田有輝君、山口公大君、Lin Yi君、Lou Jishiさん、吉田崇花さんには、心から感謝したいと思います。また、在学生の鬼頭一哉君、笹澤耕平君、福島朋也君には本書の執筆を多面的に支援してもらいました。皆さんがJAXAとのプラクティカム（長期企業実習）に参加し、あるいは、修士研究・博士研究として思いを巡らせたことのすべてが本書の実現につながっています。

　最後に、本書の企画実現にあたっては株式会社実務教育出版社の川名由衣さん、松原健一さんに大変お世話になりました。新型コロナウイルス感染症が流行する中、オンライン会議を何度も重ねて書籍の構想を具体化しました。企画の段階から宇宙開発やアイデア発想法に興味を持っていただき、関連情報の収集や例題テーマについて素晴らしいアドバイスをいただきました。川名さん、松原さんが編集者であったおかげで、我々は本書の執筆に集中することができました。さらに、本書の校正をしてくださった株式会社文字工房燦光のみなさま、素敵なイラストを描いてくださったイラストレーターの中根ゆたかさん、書籍表紙デザインを担当くださった三枝未央さんにもこの場を借りて感謝の気持ちを伝えたいと思います。

　皆さんと最高のチームを組むことができ、困難に直面する中で最高の成果を創出できたことを、我々は心から誇りに思います。

もうひとつの最高のチーム
NASDA2000の同期に捧げる
2021年7月7日
山方　健士　湊　宣明

参 考 文 献

[日本語参考文献]
- 赤尾洋二 (2010), 商品開発のための品質機能展開―知識変換のSECIモデルとQFD, 日本規格協会.
- 井坂義治 (2004), 技術者のための問題解決手法TRIZ, 養賢堂.
- 石井浩介, 飯野謙次 (2008), 設計の科学 価値づくり設計, 養賢堂.
- 石田大典 (2009), 部門横断的な製品開発におけるチーム要因が新製品パフォーマンスに及ぼす影響, 早稲田商学, Vol. 422, pp. 111-138.
- 及川浩希 (2016), 企業間の技術的類似度とスピルオーバー, フィナンシャル・レビュー, Vol.3, pp. 67-84.
- 大藤正 (2009), 品質機能展開ツール, 精密工学会誌, Vol. 75 (11), pp. 1289-1292.
- 笠井肇 (2016), シーズドリブン型製品開発とGoldfireの有効活用, 機械設計60(14), pp. 48-55.
- 加藤健郎, 堀内茂浩, 松岡由幸 (2012), 多空間デザインモデルに基づく品質機能展開の提案, 日本機械学会設計工学・システム部門講演会講演論文集, Vol. 22, pp. 1-10.
- 川上智子 (2010), オープン・イノベーションと市場情報のマネジメント, 研究技術計画, 25(1), pp. 47-54.
- 木村嘉男 (2012), 企業の技術戦略策定に向けた技術の棚卸と評価の1アプローチ：未来志向と特許分析を通じた定量性を重視して, 研究技術計画, Vol.26, pp.52-61.
- 黒川利明 (2012), 大学・大学院におけるデザイン思考 (Design Thinking) 教育, 科学技術動向, Vol.131, pp.10-23.
- 斎藤正武, 日下泰夫, 辻正重 (1997), 製品開発支援システムの開発, 日本経営工学会論文誌, Vol. 47(6), pp. 351-358.
- 櫻井敬三 (2017), ファジーフロントエンド活動による技術革新創成, 文眞堂.
- 澤口学 (2015), 最新日本式モノづくり工学入門―イノベーション創造型VE/TRIZ, 同友館.
- 澤口学 (2020), はじめての企画・開発メソッド〜0 Look/1st Look VE, 同友館.
- 産能大学VE研究グループ (1998), 新・VEの基本―価値分析の考え方と実践プロセス, 産能大出版部.
- 清水信年 (1999), 製品開発活動における製品コンセプトの変更に関する実証研究, 日本商業学会, 流通研究, Vol. 2 (2), pp. 61-76.
- 下井田知穂, 久保祐貴, 東本有生, 米津海斗, 平田研二, 湊宣明 (2018). グループ協働による製品コンセプト設計のための技術要素分解法の提案. 日本MOT学会研究発表会2017. 山口大学. 2018年3月.
- 高木芳徳 (2014), トリーズ (TRIZ) の発明原理40 あらゆる問題解決に使える[科学的]思考支援ツール, ディスカヴァー・トゥエンティワン.

- 田中満, 片岡正俊, 小泉寿男 (2004), 顧客情報を活用した製品開発コラボレーション手法とその検証, 電気学会論文誌D (産業応用部門誌), Vol. 124 (2), pp. 223-229.
- 中川 徹 (2012), 創造的な問題解決の方法論TRIZ/USIT：研究・教育・普及活動のまとめ, 大阪学院大学 人文自然論議.
- 中沢俊彦 (2003), 要求・確認・定義モデルによる製品開発プロセスの分析(製品開発プロセスの熟成と再利用のための方法論), 設計工学, Vol. 38 (12), pp. 631-640.
- 中野冠, 湊宣明 (2012), 経営工学のためのシステムズアプローチ─ビジネスを体系化する考え方・技法, 講談社.
- 中原秀登 (2011), 製品開発におけるコンセプト策定, 千葉大学 経済研究, Vol. 26(2), pp. 1-46.
- 永井一志, 大藤正 (2008), 第3世代のQFD─開発プロセスマネジメントの品質機能展開, 日科技連出版社.
- 西原良治, 椎野潤, 金子憲治 (1996), TQMにおける品質機能展開(3) マーケティングおよび新商品開発とQFD(2) QFDにおける要求品質の取扱い, 品質管理, Vol. 47(1), pp. 957-965.
- 能見利彦, 池田博榮 (2015), 技術アーキテクチャ分析の提案－カーナビゲーション開発への適用事例－, Synthesiology, Vol.8, No.1, pp1-14.
- 長谷川浩志, 園田有希, 塚本美嘉, 佐藤勇介 (2009), 創造的工学設計支援システムの構築:第2報,品質工学手法による創造的思考プロセスの評価(機械要素,潤滑,設計,生産加工,生産システムなど),日本機械学会論文集 C編, Vol. 75 (759), pp. 3096-3105.
- 平田章, 大沢幸男, 中川秀一 (1984), 顧客ニーズ形成とその方法, 社団法人バリューエンジニアリング協会.
- 平田研二, 湊宣明 (2019). 技術要素分解法の定量化と協業領域探索への適用. 日本経営システム学会第63回全国大会, 神戸学院大学, 2019年11月.
- 平田研二, 湊宣明 (2018), 技術要素分解法の船舶用流体制御装置への適用, 日本経営システム学会第60回全国大会, 横浜商科大学, 2018年11月.
- 藤田喜久雄, 松尾崇宏 (2006), 製品開発における手法やツールの活用状況の調査と分析, 日本機械学会論文集 C編, Vol. 72(713), pp. 290-297.
- 本田瑞穂, 清水剛, 清水理恵子, 永山敦, 屋ケ田和彦, 山田裕明, 山田宏文, 山根深一 (2015), 自社の技術の棚卸しによる新規事業提案の手法検討, 情報の科学と技術, Vol. 65 (3), pp. 117-122.
- 前野隆司 他(2014), システム×デザイン思考で世界を変える 慶應SDM「イノベーションのつくり方」, 日経BP.
- 間瀬久雄, 絹川博之, 森井洋, 中尾政之, 畑村洋太郎 (2002), 思考過程の思考展開図表現に基づく機械設計支援システム, 人工知能学会論文誌, Vol. 17 (1), pp. 94-103.
- 松岡由幸 (1997), 新構造の製品における設計プロセス：シート設計方法に関する-考察(6), デザイン学研究, Vol. 44 (2), pp. 9-18.
- 松下隆 (2005), 付加価値創出に結びつくコラボレーションとその成立条件についての一考

察, 産開研論集, Vol. 17, pp. 35-46.
- 三沢岳志, 砂原めぐみ, 田村隆生, 三橋敬憲, 矢部悟 (2019), 技術情報を用いた他社コア技術の特定手法開発, 情報の科学と技術, Vol 69 (2), pp. 94-98.
- 湊宣明(2016), 実践システム・シンキング　論理思考を超える問題解決のスキルー, 講談社.
- 山崎秀雄 (2005), 戦略的製品開発 : 組織における新製品開発の意義, 日本経営学会誌, Vol.14, pp. 82-91.
- 山品元, 伊藤貴朗, 河田宏 (2000), QFDとTRIZを統合した創造的製品開発プロセスの開発, 精密工学会誌, Vol. 66 (11), pp. 1705-1710.

[日本語ウェブサイト]
- 株式会社中北製作所, https://www.nakakita-s.co.jp/ (Last access: 2021年7月1日)
- 公益財団法人日本ユニフォームセンター, http://www.nuc.or.jp/(Last access: 2021年7月1日)
- 国立研究開発法人宇宙航空研究開発機構, https://www.jaxa.jp/(Last access: 2021年7月1日)
- シヤチハタ株式会社, https://www.shachihata.co.jp/ (Last access: 2021年7月1日)
- 帝国繊維株式会社, http://www.teisen.co.jp/ (Last access: 2021年7月1日)
- 日本マクドナルド株式会社, https://www.mcdonalds.co.jp/ (Last access: 2021年7月1日)
- 立命館大大学院テクノロジー・マネジメント研究科, http://www.ritsumei.ac.jp/mot/(Last access: 2021年7月1日)

[英語参考文献]
- Akao, Y. (2014). The method for motivation by quality function deployment (QFD). Nang Yan Business Journal, 1, pp.1-9.
- Akgün, A. E., Dayan, M. & Benedetto, A. D. (2008). New product development team intelligence: antecedents and consequences. Information & Management, 45, pp. 221-226.
- Altshuller, G. (2002).The Innovation Algorithm: TRIZ Systematic Innovation and Technical Creativity, Worchseter, MA, Technical Innovation Center.
- Bouchereau, V. & Rowlands, H. (2000). Methods and techniques to help quality function deployment (QFD). Benchmarking: An International Journal, 7(1), pp.8-20.
- Burgelman, R. A. (1994). Fading memories: A process theory of strategic business exit in dynamic environment. Administrative Science Quarterly, 39(1), pp.24-56.
- C. Phelps (2010). A longitudinal study of the influence of alliance network structure and composition on firm exploratory innovation. Acad. Manag, 4, pp.890–913.
- C. Quintana García. (2011). Knowledge organization in R&D alliances: its impact on product innovation. Tech. Anal. Strat. Manag. 10, p.1047.
- Cooper, R. G. & Kleinschmidt, E. J. (1987). Success factors in product innovation. Industrial Marketing Management, 6, pp.215-233.
- Cooper, R.G. (2006). Managing technology development projects. Res. Technol. Manage. 49 (6), pp.23–31.
- D.C. Mowery, J.E. Oxley, B.S. Silverman. (1998). Technological overlap and interfirm cooperation: implications for the resource-based view of the firm. Res.Policy 5, pp.507–523.
- Delgado-Maciel, J., Cortés-Robles, G., Alor-Hernández, G., García Alcaráz, J. & Negny, S. (2018). A comparison between the Functional Analysis and the Causal-Loop Diagram to model inventive problems. Procedia CIRP, 70, pp.259-264.
- Dixit, A.K., Pindyck, R.S. (1994). Investment Under Uncertainty. Princeton University Press, Princeton, NJ.
- Federico Caviggioli (2016). Technology fusion: Identification and analysis of the drivers of technology convergence using patent data. Technovation, 55-56, pp.22-32.
- Fiorineschi, L., Frillici, F. S. & Rotini, F. (2018). Enhancing functional decomposition and morphology with TRIZ: Literature review. Computers in Industry,94, pp.1-15.
- Goldberg, D. E. (2002). The design of innovation: lessons from and for competent genetic algorithms. Boston: Kluwer Academic Publishers.
- Hajeeh, M., Al-Othman, A. (2005). Application of the analytical hierarchy process in the selection of desalination plants. Desalination, 174(1), pp.97–108.

- Horst,G(1983). Creativity Techniques in Product Planning and Development from West Germany. R&D management, vol.3-3, pp.169-183.
- Ilevbare, I. M., Probert, D. & Phaal, R. (2013). A review of TRIZ, and its benefits and challenges in practice. Technovation, 33(2-3), pp.30-37.
- Juite, W., C.-Y.Wang, Chen-Yo, W. (2015) A real options framework for R&D planning in technology-based firms. J.Eng.Technol.35, pp.93-114.
- Karsak, E. E., Ahiska, S. S. (2005). Practical common weight multi-criteria decision-making approach with an improved discriminating power for technology selection. International Journal of Production Research, 44, pp.1537–1554.
- Khurana, A., Rosenthal, S. R. (1997). Integrating the fuzzy front end of new product development. Sloan Management review, vol.38, No.2, pp.103-120.
- Khurana, A., Rosenthal, S. R. (1998). Towards holistic front ends in new product development. The Journal of product innovation management, vol.1.15, pp.57-74.
- Kim, S. & Yoon, B. (2012). Developing a process of concept generation for new product-service systems: a QFD and TRIZ-based approach. Service Business, 6(3), pp.323-348.
- Koen, P., Ajamian, G., burkart, R., Clamen, A., Davidson, J., Damore, R., et al. (2001). Providing Clarity and a Common Language to the Fuzzy Front End. Research Technology Management, 44-2, pp46-55.
- Lai, X., Xie, M. & Tan, T. C. (2004). Optimizing product design using the Kano model and QFD. 2004 IEEE International Engineering Management Conference, 3, pp.1085-1089.
- Lee, H. S. & Lee, K. W. (2003). Practical case study of resolving the physical contradiction in TRIZ: Super water saving toilet system using flexible tube. The TRIZ Journal.
- Lester, D. H. (1998). Critical success factors for new product development. Research-Technology Management,41(1), pp.36-43.
- Matzler, K. & Hinterhuber, H. H. (1998). How to make product development projects more successful by integrating Kano's model of customer satisfaction into quality function deployment. Technovation,18 (1), pp.25-38
- Mellers, B. A. (2000). Choice and the relative pleasure of consequences. Psychological Bulletin, 126, pp.910-924.
- Minato, N., Shimoida, C., Hirata, K., Fujishima, N., Kamiya, T., Takeda, T., Yamagata, K. (2019). A Hierarchical Technology Element Decomposition for Co-design Works. PICMET2019, Portland, U.S.A., August 2019.
- Moutaz, K. (1995). The use of data envelopment analysis for technology selection. Computers & Industrial Engineering, 28(1), pp.123–132.

- Nicole,S., Nathalie,S., Jens, L. (2015). How to measure technological distance in collaborations –The case of electric mobility. Technology Forecasting & Social Change 97, pp.154–167.
- Paulus, P. B., Kohn, N. W. & Arditti, L. E. (2011). Effects of quantity and quality instructions on brainstorming. The Journal of Creative Behavior, 45(1), pp.38-46.
- Peng, Y., Jang H. L. (2013).A hybrid approach using two-level SOM and combined AHP rating and AHP/DEA-AR method for selecting optimal promising emerging technology, Expert Systems with Applications 40, pp.300–314.
- Peter, A.K., Greg, M.A., Scott, B., Allen, C., Eden, F., Stavros, F., et al.(2014). The PDMA tool book for new product development, Fuzzy Front End: Effective Methods, Tools, and Techniques, pp.5-33.
- R. Cowan, N. Jonard, J. Zimmermann. (2007). Bilateral collaboration and the emergence of innovation networks. Manag. Sci. 7, pp.1051–1067.
- Saaty, T. L. (1994). Highlights and critical points in the theory and application of the analytic hierarchy process. European Journal of Operational Research, 74(3), pp.426–447.
- Satish Nambisan (2013). Industry technical committees, technological distance, and innovation performance. Research Policy, 42, pp.928-940.
- Shen, Y. C., Chang, S. H., Lin, G. T. R., Yu, H. C. (2010). A hybrid selection method for emerging technology. Technological Forecasting and Social Change, 77, pp.151–166.
- Stefan W., Massimo G. C., Shanatanu D., Bart N. (2005). Empirical tests of optimal cognitive distance. Journal of Economic Behavior & Organization, vol.58, pp.277-302.
- Taila, B., Aija, L. (2012). A measure of technological distance. Economics Letters, 116, pp.457-459.
- Tipping, J.W., Zeffren, E., (1995). Assessing the value of your technology. Res. Technol. Manage. 38 (5), pp.22–39.
- Tontini, G. (2007). Integrating the Kano model and QFD for designing new products. Total Quality Management & Business Excellence, 18(6), pp.599-612.
- Tran, T. A., & Daim, T. (2008). A taxonomic review of methods and tools applied in technology assessment. Technological Forecasting and Social Change, 75(9), pp.1396–1405.
- Wolniak, R. (2018). The use of QFD method advantages and limitation. Production Engineering Archives, 18, pp.14-17.

・Yung-Chi S., Shu-Hsuan C., Grace T.R. L., Hsiao-Cheng Y.(2010). A hybrid selection model for emerging technology. Technology Forecasting & Social Change 77, pp.151–166.

[英語ウェブサイト]
・Haley Stephenson, "The Toothbrush Hack", APPEL Knowledge Services, Feb 8, 2013, https://appel.nasa.gov/2013/02/08/the-toothbrush-hack/, (Last access: 2021 年 7 月 26 日)
・Yvette Smith, "How to Repair the International Space Station With a Toothbrush", NASA, Sep 25, 2015, https://www.nasa.gov/image-feature/how-to-repair-the-international-space-station-with-a-toothbrush, (Last access: 2021 年 7 月 26 日)
・Yvette Smith, "NASA "Hacks": The Real Stories", NASA, Oct 3, 2015, https://www.nasa.gov/feature/nasa-hacks-the-real-stories, (Last access: 2021 年 7 月 26 日)
・"14 EXTRAVEHICULAR ACTIVITY(EVA)", Man-Systems Integration Standards Revision B, Volume I , Section 14, NASA, July, 1995, https://msis.jsc.nasa.gov/sections/section14.htm, (Last access: 2021 年 7 月 26 日)

<ruby>山方<rt>やまがた</rt></ruby><ruby>健士<rt>けんじ</rt></ruby>（JAXAヒューストン駐在員事務所 所長代理）

1996年米ボストン・カレッジ卒業、2000年筑波大学大学院修了。2000年宇宙開発事業団〔NASDA〕（現・宇宙航空研究開発機構〔JAXA〕）入社。日本人宇宙飛行士訓練担当、経営企画部門を経て、新事業促進部にて「冷却下着ベスト型」の開発をはじめとした宇宙技術の利用開拓に従事。

その後、国際宇宙ステーションに関する広報業務、及び宇宙日本食の戦略検討に従事。2020年7月よりヒューストンに駐在。有人宇宙開発業務に関わる。「モーニング」にて連載中の『宇宙兄弟』（講談社）及び「月刊！スピリッツ」にて連載中の『宇宙めし！』（小学館）の監修も行うほか、立命館大学の客員協力研究員としても活動。

<ruby>湊<rt>みなと</rt></ruby><ruby>宣明<rt>のぶあき</rt></ruby>（立命館大学大学院テクノロジー・マネジメント研究科教授）

1999年早稲田大学卒業、2007年仏Ecole Superieure de Commerce de Toulouse大学院修了（首席）。博士（システムエンジニアリング学, 慶應義塾大学）。

2000年宇宙開発事業団〔NASDA〕（現・宇宙航空研究開発機構〔JAXA〕）入社。国際宇宙ステーション計画、システムズエンジニアリング推進等に従事した後、フランスへ留学。2009年より慶應義塾大学大学院システムデザイン・マネジメント研究科助教、2011年同特任准教授。2015年より立命館大学大学院テクノロジー・マネジメント研究科准教授、2017年同教授。シンガポール国立大学〔NUS〕客員研究員（2019年―2020年）。

編　　　集	川名由衣／松原健一（実務教育出版）
カバー・本文デザイン	三枝未央
イ ラ ス ト	中根ゆたか
	永冨友海（図 4-6 のイラスト）
漫 画 出 典	『宇宙兄弟』37 巻（小山宙哉著、講談社、2020）(p.46)
写 真 出 典	帝国繊維株式会社（p.37）
	NASA（p.41 〜 43）
	シヤチハタ株式会社（p.110）
	株式会社中北製作所（p.117）
	上記以外はすべて著者（湊宣明）撮影

リ・デザイン思考法
宇宙開発から生まれた発想ツール

2021 年 9 月 15 日　初版第 1 刷発行

著　　　者	山方健士・湊宣明
発 行 者	小山隆之
発 行 所	株式会社実務教育出版
	〒 163-8671 東京都新宿区新宿 1-1-12
	電話 03-3355-1812（編集）　03-3355-1951（販売）
	振替 00160-0-78270

DTP／キャップス　　印刷所／文化カラー印刷　　製本所／東京美術紙工